たった**4つの指標**で分かる

パワハラの該当性

活力ある職場へと導く相談対応のツボをつかむ

弁護士
田中 雅敏

第一法規

まえがき

　様々な企業様のパワハラ対策やパワハラ発生時の対応をご支援させて頂き、各種の社内外の研修などもさせて頂く中で、最近、皆様から多く寄せられる「悩み」があります。

「『〇〇もパワハラ』が多すぎて、部下に対する指導ができない」
「何がパワハラか、グレーゾーンが広すぎて分からない」
「自己主張の強い部下からは、すぐに『パワハラじゃないですか』と言われるので、命令や指導がやりにくい」

　確かに、パワハラの境界に曖昧さが残ることは、ある程度は事実です。しかし、本当は、皆さんが思っているよりもずっと、「パワハラ」かどうかの境界線ははっきりしています。違法な「パワハラ」は排除しなければなりませんが、業務上必要な命令は自信を持って出してよいですし、嫌な仕事をやらせたからといって「パワハラ」になるわけではありません。

　では、なぜ、多くの皆さんが、このように「パワハラの海」で漂流し、何がパワハラかに悩み、部下との関係をどうしたらよいのかという悩みに直面しているのでしょうか？
　それは、皆さんのせいではなく、**「パワハラ」に関する間違った情報や、不正確な情報が、氾濫しているから**だと考えています。

「相手が嫌だと思ったらパワハラになる」
「大声で怒鳴るのはパワハラだ」
「バカやろう、と怒鳴ったらパワハラになる」
「NGワードを言うとパワハラになるので、気をつけなければならない」

III

これらは、**「よくある誤解」であり、いずれも誤っているか、不正確です。**

　例えば、「NGワード」については、「給料泥棒」という同じ言葉が、パワハラとされた事例もあれば、パワハラでないとされた事例もあります。「パワハラ」かどうかは、言葉尻で決まるわけではなく、様々な要素を総合的に検討して判断されています。

　にもかかわらず、新しい裁判例が出ると、その結論部分だけを切り取って、「○○という言動がパワハラと判断されました」というところだけが、独り歩きし、あちこちで拡散され、それをまじめに勉強した皆さんが、ますます「パワハラの境界」が分からなくなり、パワハラの海を漂流してしまうのです。

　「パワハラ」かどうかは、「純粋な法律問題」です。最後は裁判所の判断にゆだねられることになりますし、「パワハラ」となれば、これは違法な行為ですから、不法行為として損害賠償の対象にもなります。

　そしてこの**「純粋な法律問題」としての「パワハラ」は、裁判例をしっかり検証することによって、かなり高い精度で、線引きを明確化することができます。**

　本書は、約150本の裁判例を検証し、その中から厳選した100の裁判例をご紹介するとともに、それらを、分かりやすく**「4つの指標」**というツールを使って分析、説明しました。

　人事や法務の担当者の皆さんが「これはパワハラなのか？」「パワハラ事案が発生したが、どう対応したらいいのか？」と悩んだとき、あるいは、管理職の皆さんが、部下に対してどのように接したらよいかに悩んだとき、**本書は、明確な指針として皆さんに答えを示すことができる**と思います。

IV

さらに、本書では、「パワハラ対策」の目的についても明確化しています。**「パワハラ対策」のゴールは、「パワハラを0にすること」ではありません。そのゴールは、「心理的安全性を高め、積極的、自発的で、創意工夫のある、生産性の高い組織を作ること」です。**

　皆さんの会社や部署が、「部下がチームの目標達成に積極的にコミットし、様々な創造的な意見を自発的かつ積極的に出し、工夫し、挑戦し、チームの高い目標を軽々とクリアしてくれる」職場であったら、素晴らしいと思いませんか？

　パワハラ対策のゴールは、そんな職場を作ることです。

　本書では、「4つの指標」に沿って、「パワハラ」の線引きを明確にするとともに、その先にある、心理的安全性の高い、生産性と創造性の高い職場を実現する方法を、解説しています。

　単に、「〇〇という場合は××」といった知識を覚えてもらうための本ではなく、**どんなパワハラに関する問題が発生しても、落ち着いて対応するための、寄って立つ判断基準となる「指標」を皆さんにお届けし、その使い方を解説し、自分のものにして頂くための本**にしたつもりです。

　本書が、これからの皆さんの自信の拠り所となれば、私も大変嬉しいです。

　最後に、約150本の裁判例の調査、選択、分析をアシストしてくれた、スーパーパラリーガルの吉田美紀さんに、心からの感謝を込めて。

2025年1月

田中　雅敏

contents

まえがき

解説編

第1章 パワハラの本質「パワハラの線引き」で迷わないために … 2

1 「パワハラ」対策はなぜ難しいか ……………………………………………… 2

2 「パワハラ」を巡る誤解と混乱 ……………………………………………… 4

3 「パワハラ」かどうかは、純粋な法律論 …………………………………… 6
 (1)「パワハラ」かどうかを最終的に決めるのは誰か
 (2)「パワハラ」はいつ「禁止」されたのか
 (3)「パワハラ」の定義は誰が決めたのか
 (4)「パワハラ」の判断基準は明確に説明できる

4 「パワハラかどうか」と、「適切かどうか」を分けて考える ………………… 9

5 「パワハラ」の線引きで迷わないために …………………………………… 10

パワハラが怖くて、部下と話ができない …………………………………… 12

第2章 パワハラの定義と線引き …………………………………………… 14

1 「パワハラ」の定義 ………………………………………………………… 14

2 「優位性」とは
 同僚同士や部下から上司に対しても「パワハラ」は成立する ……………… 15

3 「職場において」とは
 職務に関連する場所であれば「オフィス」には限られない ………………… 16

4 「業務上必要かつ相当な範囲を超えて」とは ……………………………… 17
 (1) 適正な範囲であれば、職場環境が悪化したり、
 従業員が苦痛を受けてもよい?
 (2)「業務上必要かつ相当な範囲」は、「平均的な労働者」を基準に判断される
 (3)「業務上必要かつ相当な範囲」の判断基準

嫌な仕事は断っていい? 無理やりやらせたらパワハラ? ………………… 22

VI

第3章 なぜ、上司は部下に、命令、指導、叱責ができるのか？ パワハラを防ぐために不可欠な「業務命令」の範囲の理解 —— 24

1 なぜ、会社（上司）は従業員（部下）に命令や指導、叱責ができるのか？ —— 24

2 最初にしっかり理解しておきたい、会社（上司）と従業員（部下）の関係 —— 25

3 「業務命令」の範囲 —— 27

4 「業務命令」かどうかを、本質から考える —— 32

パワハラ対策のゴールを「パワハラ0」にしてはいけない理由 —— 34

第4章 実は、たった1つしかない「パワハラの判断基準」 —— 36

1 そもそも上司も部下も「対等な大人同士の関係」 —— 36

2 会社や上司の権限の限界 —— 37

3 たった1つの「パワハラの判断基準」 —— 38

4 「たった1つの基準」の使い方 —— 41

第5章 パワハラかどうかを明確に判断するための「4つの指標」 —— 42

1 パワハラかどうかを明確に判断するために —— 42

2 パワハラかどうかを明確に判断するための「4つの指標」 —— 43

3 4つの指標の使い方 —— 44

4 4つの指標の「総合的な判断」の具体例〜暴言〜 —— 44

5 4つの指標の「総合的な判断」の具体例〜護衛艦さわぎり事件〜 —— 48

6 4つの指標から見えてくる、典型的なパワハラの姿 —— 50

パワハラと録音 —— 52

VII

contents

第6章 指標① 「適正な業務の遂行」を目的としたものかどうか 54

第7章 指標② 内容や態様について「目的達成のための業務上の合理的な必要性」があるといえるか 62

第8章 指標③ 叱責だけでなく、成長をサポートする言動や体制があるか 70

ハラスメントの自覚のない管理職をどう啓発するか 76

第9章 指標④ 人格攻撃や嘲笑になっていないか 78

第10章 類型別深掘り 暴言とNGワード 84

1　NGワードはない 84

2　パワハラになりやすい言葉 85
　　（1）人格否定
　　（2）前提となる指揮命令関係を否定する発言
　　（3）脅迫

3　裁判例に出てきた具体的な言葉 88

4　パワハラでないとしても、考えておかなければならないこと 92
　　（1）これらの発言が「OK」ではないこと
　　（2）「違法」なパワハラかどうかと、「適切」な指導かどうか

上司としての「感情のコントロール」 94

VIII

第11章 類型別深掘り　厳しい指導や叱咤激励 ········ 96

1 適法な「厳しい指導」か、違法な「パワハラ」か ··········· 96

2 具体例で見る、適法な「厳しい指導」と違法な「パワハラ」の線引き ···· 99

（1）有形力の行使（暴力）
（2）つい出てしまった「厳しい言葉」
（3）衆人の前での叱責や指導
（4）上司の感情をぶつける
（5）具体的な改善点を伴わない人格攻撃
（6）十分な指導や支援がないまま厳しく叱責する

第12章 類型別深掘り
厳しいノルマや目標の設定、
嫌な仕事の担当 ······· 116

1 パワハラかどうかの判断についての考え方 ············ 116

2 厳しいノルマや目標の設定 ················ 117

3 嫌な仕事の担当命令や、拒絶した場合の低評価 ··········· 118

（1）適法とされた事例
（2）違法とされた事例

カスハラとパワハラの微妙な関係 ················ 124

第13章 類型別深掘り　研修や日報、反省文の提出 ····· 126

（1）適法とされた事例
（2）違法とされた事例

第14章 類型別深掘り　退職勧奨 ················ 132

1 退職勧奨は違法なのか？ ················ 132

2 どういう場合に「退職勧奨」が違法とされるのか？ ········· 133

（1）強制になる場合
（2）虚偽・不正確な事実に基づいて行われる場合

3 事例検討 ···················· 135

（1）退職勧奨が適法とされた事例
（2）退職勧奨が違法とされた事例

IX

contents

第15章 「問題社員」に対する対応 140

1 「問題社員」と「パワハラ」 140
2 「問題社員」対応 141
　(1) 考え方
　(2) 「問題社員」の対応手順

通報者が、個人的な感情で、嫌いな上司を「パワハラ通報」
どこまで会社は対応すべき？ 146

第16章 「パワハラ問題」が発生したときの 対応手順 148

1 パワハラ問題が発生したときに、会社が行うべきこと 148
　(1) 事実関係の確認
　(2) ハラスメント該当性の判断
　(3) 上司側への対応
　(4) 対象社員側への対応
　(5) 会社自身への対応
2 事例で見る「パワハラ対応」の注意点 153

パワハラ事案発生時の「事実関係の確認」は難しい？ 156

第17章 なぜ、パワハラを防がなければならないか？ 企業や組織の生産性向上と 経営目標の実現 158

1 「パワハラ」対策に不可欠な「第2の視点」 158
2 パワハラを防がなければならない本当の理由 158
　(1) 労働環境の変化
　(2) 仕事に求められる質の変化
　(3) 上司に求められる質の変化
3 違法な「パワハラ」を防ぐだけでよいのか？ 163
4 心理的安全性の高い職場での社員一人一人のコミットのモデル 164
5 心理的安全性の高い職場は、「ヌルイ職場」なのか？ 166
6 会社(職場、部署)のあるべき上司と部下の関係をデザインする 168

x

7 「デザイン」を活かす具体例（叱責） ……………………………… 169

8 心理的負荷を低くし、要求される仕事の水準を上げるには …… 171

9 厳しく怒ること、の「逆効果」 ………………………………………… 172

心理的安全性と会社の未来 ……………………………………………… 174

第18章 おわりに
パワハラを防いだその先にあるもの …………… 176

事例編

事例1 長期間の研修が適法とされ、感情的になされた
「除草作業命令」が違法とされた ………………………………… 180

事例2 多数のメンバーにCCで送信された注意メールが
違法とされた …………………………………………………… 186

事例3 感情的な叱責や業務と合理的関連性のない
「指導」が違法とされた …………………………………………… 192

事例4 同様の厳しい文言につき、総合的な考慮から、
パワハラの判断が分かれた ……………………………………… 198

事例5 問題社員への日報提出命令、厳しい研修や叱責が、
パワハラに該当しないとされた ………………………………… 204

事例6 社内の報告会で、成績の悪い社員にコスチュームを
着用させた行為はパワハラに当たるとされた ………………… 210

事例7 「口の悪い上司」の言動についての
パワハラ該当性の基準が示された ……………………………… 214

事例8 「暴言」について、他の要素を考慮して、
パワハラに当たらないとされた ………………………………… 220

事例9 実績に応じた低評価や指導は適法とされ、
人格否定発言がパワハラとされた ……………………………… 226

XI

contents

事例 10 穏当さを欠く言葉につき、指導のために行われた
ものであってパワハラに当たらないとされた ………… 233

事例 11 厳しい言葉での指導も、人格非難に当たらなければ
パワハラにはならないとされた ………………………… 241

事例 12 執拗な退職勧奨が違法とされた ………………………… 248

参考裁判例一覧 ………………………………………………………… 256
著者紹介
解説動画（無料）のご案内

【解説編】

注：「解説編」において、「裁判例No.○」と記載があるものは、巻末の「参考裁判例一覧」に記載の判例を指します。
　　（例：「裁判例No.1」＝巻末「参考裁判例一覧」の「No.1」の裁判例）

第1章
パワハラの本質
「パワハラの線引き」で迷わないために

1 「パワハラ」対策はなぜ難しいか

　この本を読んで頂いている皆さんは、多かれ少なかれ「パワハラ」についての悩みや疑問を持っておられると思います。「パワハラにならない指導法はどうすればいいのか」「パワハラを防止して企業の生産性を上げるにはどうしたらいいか」「昨日上司から言われた言葉は、パワハラなのではないか」など、パワハラを巡る疑問は尽きません。
　しかし、ちょっと待ってください。**皆さんは、「パワハラとは何か」ということを、そもそも正確に言語化できているでしょうか？**
　対象が不明確だと、正しい検討や有効な対策はできません。そして、世の中の「パワハラ」を巡る疑問や問題は、ほとんどが、この**「パワハラとは何か」が正確に理解できていないこと、に端を発している**のではないかと思います。

　ちょっと、クイズを2問ほどやってみましょう。

　新しいウェブサイトのデザインをすることになりました。
　自分としては、会社のイメージと新しいイメージを検討して、デザイナーとも何度も話し合った末、ベストな案を作成して、上司に提出しました。しかし、上司は、一目見るなり、「こんなのはつまらん。作り直せ」と言

第1章 パワハラの本質
「パワハラの線引き」で迷わないために

って突き返してきました。

「どこが悪いんですか？」と聞き返したら、「こういう斬新なのはかえってよくない。無難なイメージにしなさい」と言われました。

絶対、自分の案の方が良いと思うし、会社のためになると思います。そこで、上司に食い下がったら、「いいから、俺の言うとおりにしろ！」「俺の言うとおりにしなかったら、次の異動で飛ばすぞ！」と一喝され、話も聞いてもらえませんでした。

これって、パワハラですよね？

うちの課長は、だいたいキャラクターが昭和すぎます。「営業は気合いだ！」「お客様には、誠意はきっと伝わる！」が口癖で、電話の言葉遣いから、取引先とのアポの取り方まで、口うるさく言われて、嫌になります。

先日も、「社会人としてのマナー」を教えると言って、別室に呼び出され、2時間もマンツーマンで「指導」を受けましたが、その後、電話で取引先からクレームがあり、「あ、すぐに行きます！」と答えたところ、課長から大声で、「そういう時は、『すぐにお伺いいたします』だろ！この前、指導したばかりなのに何を聞いてたんだ！」と大声で怒鳴られました。

こんな、大声で怒鳴るのって、パワハラですよね？

さて、いかがでしょうか？

私がよくセミナーなどをやる時に、こういったクイズを出し、参加者に挙手をしてもらったり、ウェビナーの場合はチャット機能や投票機能で回答してもらったりします。その場合、回答は、大抵「○×半々」くらいになることが多いのです。私のセミナーを聞かれる方は、人事労務や法務担当者や、管理職の方がほとんどなのですが、それでも、意見が割れることがほとんどです。

つまり、**「何がパワハラか」**ということについて、**実は一般的にもコンセンサスが形成されていない**ということなのです。そして、このような、

3

議論や検討の対象である「パワハラ」そのものについて、共通の理解がなされておらず、**「人によって、パワハラの定義が違う」ことが、パワハラ問題の対策や対応を難しくしている**のです。

　逆にいえば、この**「パワハラ」の定義を正しく、しっかりと理解できれば、パワハラに関する問題は、分かりやすく、自信を持って十分に対応できるものとなる**でしょう。

　なお、参考までにいえば、このクイズの答えは、いずれも、基本的には「パワハラにはならない」です。意外、だと思われた方も多いのではないでしょうか。なぜ、これらが「パワハラ」にならないかは、本書を最後まで読んで頂いた時には、すっきりと理解し、他人にも説明できるようにもなっていると思います。

2 ｜「パワハラ」を巡る誤解と混乱

　私は、弁護士として実際の企業の案件やご相談に対応したり、セミナーや研修の講師を行ったりする中で、「パワハラ」についての理解がいかに錯綜しているかを、日々感じています。その中で、よく聞くのが、「パワハラに該当するかどうか、線引きがよく分かりません」「結局、本人がどう思うか、ですよね？」「パワハラと言われると思うと怖くて、指導もできません」といったような声です。

　それで、外部講師を呼んでセミナーをしたり、法務や人事担当者が教材を用意して内部研修をやったりするわけですが、パワハラに関しては、**「研修をやればやるほど分からなくなる」という不思議な現象が起きている**ケースも少なくありません。

　この後、しっかり解説していこうと思っていますが、**実は、「パワハラ」かどうかの線引きは、比較的はっきりしています。**また、**「なぜ、研修をやればやるほど、線引きが分からなくなるのか」**という疑問にも、簡

4

単にお答えができるのです。

　試しに、パワハラを巡って私がよくお受けする次の質問について、「正しい」と思うものに○をつけてみてください。

① 大声で怒鳴ったら、パワハラになる。

② 言われた（された）相手が「嫌だ」と思ったらパワハラになる。

③ 「バカやろう」と部下に言ったら、ハラスメントになる。

④ パワハラかどうかについては、NGワードがあり、特定のNGワードを言ったらパワハラになる。

⑤ 厳しく叱責する行為は、パワハラになる。

⑥ 体力的にも精神的にもきつい仕事を部下に指示したら、「自分には無理です」と言って断られた。それでもこの部下に仕事を担当させたら、パワハラになる。

⑦ 自分と部下との間には強い信頼関係があり、お互いに理解し合っているので、長時間怒鳴ったり、激励の意味を込めて軽く頭をたたくこともあるが、部下本人もむしろそれを感謝しており、日ごろの人間関係はしっかり作れているので、ハラスメント（嫌がらせ）ではない。

　さて、いかがだったでしょうか？

　これらの項目の中には、日ごろ受けている「パワハラ研修」の中では、当然○になるというものもいくつかあったのではないかと思います。また、インターネットで、「パワハラ／基準」とか、「パワハラ／NGワード」などで検索すると、これらが○であるかのような説明をしてあるサイトもたくさん出てくるのではないでしょうか。

　しかし、**答えは、全て「×」です。**これも意外、と思われるかもしれませんが、例えば「馬鹿」、「おい、ふざけんなよ。お前」や「我慢できねえんなら、とっとと辞めちまえよ」といった言葉がパワハラではないとされた裁判例もありますし（裁判例No.70、97）、やりたくない仕事をやらせたり、希望どおりのことをさせなかったとしてもそれがパワハラになるわ

けではないという裁判例もあります（裁判例No.6、37、53、71、88、100など）。そもそも、パワハラは「学校のいじめ」とは違う次元の話ですので、**「嫌だと思ったらパワハラ」になるはずもありません**。もしそうなるなら、ミスをして上司に注意されるのが「嫌」ではない人などはほとんどいないでしょうから、上司は部下に対してミスを注意することは一切できない、ということにもなりかねません。それがおかしなことであることは、考えればすぐに分かることです。

　それでは、なぜ、このような「パワハラ」を巡る誤解や、不正確な情報が錯綜しているのでしょうか？

3 | 「パワハラ」かどうかは、純粋な法律論

（1）　「パワハラ」かどうかを最終的に決めるのは誰か

　最初にはっきりさせておきたいのは、**「パワハラ」かどうか**というのは、**「法律論」**だということです。そして、「パワハラ」かどうかで見解が食い違った場合、誰が最終的に判断するのか、というと**「裁判所」**です。このような**裁判所の判断の蓄積が、「パワハラ」の線引きになっている**わけです。

（2）　「パワハラ」はいつ「禁止」されたのか

　私が弁護士になった1999年当時、「パワハラ」という言葉は存在しませんでした。その後、企業内や事業活動において行われる過度な負荷に起因した心身の故障などが社会問題化していくにつれ、2000年代初頭のころから、「パワハラ」という言葉が使われ始めました。しかし、その**定義は曖昧なままであり、長期間「何となく」使われてしまった**のです。これが、

現在の混乱の基になっているといってもよいでしょう。その後、2012年に厚生労働省のワーキンググループが「職場のパワーハラスメントの予防・解決に向けた提言」を発表しました。これが、公的に初めて「パワハラ」が定義づけられた瞬間です。その後は、この定義が長期間使われてきましたが、最終的に、2019年5月、いわゆる「パワハラ防止法（正式名称：労働施策の総合的な推進並びに労働者の雇用の安定及び職業生活の充実等に関する法律の改正法）」が成立し、2020年6月に施行されました。この法律の中で、初めて「法律上」、「パワハラ」という言葉の定義が明確になったのです。なお、このパワハラ防止法上の「パワハラ」の定義も、基本的には厚生労働省の基準を基にしたものとなっています。

　現在、企業の皆さんは、このパワハラ防止法が求める「パワハラ防止義務」を履行することが求められているとともに、人的資本経営の観点からも、人財の育成と活用、そしてこのような無形資産を活用することによって生産性向上と事業付加価値向上を行い、今後の成長の原動力とすることが求められているのです。

【「職場のパワーハラスメントの予防・解決に向けた提言」の中での「パワハラ」の定義】

　職場のパワーハラスメントとは、

① 　同じ職場で働く者に対して、

② 　職務上の地位や人間関係などの職場内の優位性を背景に、

③ 　業務の適正な範囲を超えて、

④ 　精神的・身体的苦痛を与える又は職場環境を悪化させる行為をいう。

【パワハラ防止法上の「パワハラ」の定義】

　職場におけるパワーハラスメントは、職場において行われる

① 　優越的な関係を背景とした言動であって、

② 　業務上必要かつ相当な範囲を超えたものにより、

③ 　労働者の就業環境が害されるもの

であり、①〜③までの３つの要素を全て満たすものをいいます。

※労働施策総合推進法30条の２、及び、厚生労働省都道府県労働局雇用環境・均等部（室）「職場におけるパワーハラスメント対策が事業主の義務になりました！」参照

(3) 「パワハラ」の定義は誰が決めたのか

ところで、**初めて公的に「パワハラ」を定義した厚生労働省のワーキンググループは、どうやって定義づけをしたのでしょうか**。実は、その定義づけは、基本的には**過去の裁判例に基づいています**。もちろん、裁判例の中で「パワハラ」という言葉が明確に使用されることはほとんどなかったのですが、使用者の安全配慮義務などの関係で、一定の行為を違法行為として会社に対して損害賠償の支払いを命じたり、懲戒処分の効力を判断したりした事例は多くあり、これらを分析、検討した結果、厚生労働省のワーキンググループが「パワハラ」を定義づけているのです。

そうすると、結局のところ、「パワハラ」の定義は、裁判例の集積と、これに対する分析、検討の結果導き出されたものといえるわけです。

(4) 「パワハラ」の判断基準は明確に説明できる

以上のような背景を知って頂くと、「パワハラ」の線引きは、裁判例の中から導き出されたものであることがよくお分かり頂けるかと思います。そして、今後も、「パワハラかどうか」が問題になった場合は、その最終判断は、裁判所でなされることになります。

そういう意味では、**「パワハラ」かどうかというのは、法律論、つまり「違法」か「適法」かという問題であり、これまでの裁判例の集積と、最近の裁判例の動向を踏まえて、理論的に判断されるべきもの**であって、それが可能なものでもあるのです。

この本では、このような観点から、**100以上のパワハラについての裁判例を分析**し、パワハラかどうかについて、**「具体的に役に立つ判断基準」**をご説明しています。

8

第1章 パワハラの本質
「パワハラの線引き」で迷わないために

4 「パワハラかどうか」と、「適切かどうか」を分けて考える

　現在、**パワハラを巡って起きている混乱や誤解は、パワハラの定義の混同が原因**だと考えます。

　例えば、前述のクイズ1のようなケースの場合、これだけであれば、法的には「パワハラ」にはならないといえます（もちろん、具体的な前提条件次第では、パワハラになることもありますが、それは、後に詳述します）。

　しかし、そういう言い方が**「適切か」といわれれば、必ずしもそうではない場合も多い**でしょう。職場内の心理的安全性を高め、チームへの自発的参加を促し、生産性の高いチームを作るという目的との関係では、こういった言い方をしない方が好ましい場合が多いとはいえます。つまり、**コーチングやチームビルディングの観点からは、「適法」で「パワハラではない行為」であっても、なお「不適切」な場合があり得る**ということです。

　企業は、「パワハラを防ぐ」ために仕事をしているのではなく、「**高い生産性の実現と経営目標達成**」のために仕事をしているわけですから、パワハラでなければ何をしてもよいということではなく、パワハラでない「適法な行為」の中でも、よりよい方法を常に模索しなければならないことはいうまでもありません。ただ、**この2つは別のものですから、分けて考える必要があります。**

　絶対に防がなければならないのは、違法な「パワハラ」です。これは、許容の余地はなく、**職場から完全に追放**しなければなりません。

　一方で、**「適切かどうか」については、社風、業種、会社の規模、提供する商材やサービスの内容、顧客層、当該業種における雇用環境など、様々な要素を考慮して、各企業が個別に設定してよい**ものです。例えば、「うちは、化粧品を扱っており、消費者の皆様に美と幸福や夢をお届けする会社なので、厳しいイメージは一切払拭し、優しい職場を作りたい」と考えれば、部下ともよく話し合い、生産的で明るくのびのびとした職場で

9

議論するため、心理的安全性を低下させるような「頭ごなしの指導」は好ましくないでしょう。一方で、「うちは、一瞬の気のゆるみが死亡事故やけがに繋がる厳しい職場だから、状況によっては、そういった厳しい指導も当然に必要だ」という会社では、状況によって、頭ごなしに言われたことを正確にやらせることも必要な場面があるかもしれません。

このように、**何が「適切か」ということについては、各企業や現場によっても正解は異なるのであって、統一的で正しい答えはなく、各企業や職場が経営判断として、決めていくべきこと**なのです。もちろん、その判断が結果として**「最適ではなかった」としても、法的責任はありません**から、以後は、**より適切な形に改善し、変更していけばよいだけ**なのです。

これらを混同して、コーチングやチームビルディングの観点から「不適切」にすぎないことまで全て「パワハラですからやめましょう」という話をしてしまうと、おかしなことになります。前述のとおり、職場や具体的な状況等によって「不適切」かどうかは異なりますので、結果として統一的な説明はできなくなり、「パワハラの基準が分からない」ということになってしまいます。

つまり、**パワハラの線引きで迷わないためには、まず、「違法なパワハラかどうか」と、違法ではないとして、この場面でこうすることが「適切かどうか」を分けて考えるように、頭を整理する必要がある**のです。

5 ｜「パワハラ」の線引きで 迷わないために

このように、パワハラの線引きで迷わないためには、**常に、「違法なパワハラかどうか」と、「適切かどうか」ということを分けて考える**ことが大切です。

そして、「適切かどうか」の判断は、各企業の経営判断であって、「誤り」ということではありませんし、「パワハラ」でもありませんから、自

第1章　パワハラの本質
「パワハラの線引き」で迷わないために

信を持って進めればよく、結果として「他にもっと適切なやり方があった」ということが分かれば、後日改めればよいのです。「不適切」だとしても、「パワハラ」になることはないわけですから。

これを図解すると、このようになります。

「パワハラ」の線引きで迷わないために、常に頭に鳥瞰図として置いておいて頂ければと思います。

図表1-1　パワハラ対応の基本的視点

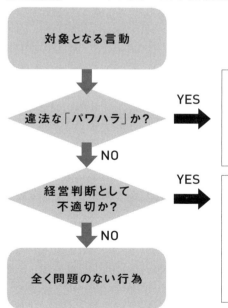

11

パワハラが怖くて、部下と話ができない

　パワハラ対策をしっかりやっている企業様で、管理職の方から、「パワハラになるのが怖くて、部下と口をきくにも気を遣う」「部下がミスをしたときも、どういう注意の仕方をしたらいいか分からない」といったご相談を頂くことが多くなっています。

　確かに、「パワハラ」に関しては、「相手が嫌だと思ったらパワハラになる」、「NGワードを言ったらパワハラ」「○○もパワハラ」といった、完全に間違った情報が氾濫しています。まじめな方ほど、こういった言葉をそのまま受け止めていく結果、「じゃあ、何もできないよ！」ということになってしまいます。

　先日も、あるメディアに、「パワハラ研修を受けて、『こんな研修意味ないよ』というような、研修に対してネガティブな発言をすると、それもパワハラになる」というような記事が載っていました。私は、あきれ果てて、ため息をつきました。

　この記事は、おそらく裁判例No.60を基にしているのでしょう。これはセクハラ事案ですが、女性に対する度重なるセクハラにより懲戒処分等となった管理職が、その処分の効力を争って起こした訴訟において、裁判所は、問題とされた多数の行為に関してなされた、セクハラを理由とする懲戒処分を有効と判断しました。その対象となった「セクハラ行為」の1つに、セクハラ研修を受けた後に「あんなん言ってたら女の子としゃべれへんよなあ」「あんなん言われる奴は、女の子に嫌われてるんや」などの発言が含まれていました。

　セクハラ研修をバカにして否定するような行為も踏まえて、セクハラ懲戒処分を有効と判断したわけですが、だからといって、言葉尻を捉えて、「ハラスメント研修をバカにするのもハラスメント」というの

第1章	パワハラの本質
	「パワハラの線引き」で迷わないために

は、完全に飛躍しています。これはあくまで、一連の多数のセクハラ行為が認定され、さらに、本人の人格態度として、セクハラ研修を受けてもなお、自分の行為を改めようとしなかったという点を踏まえて、「セクハラを理由とする懲戒処分」を有効と判断したにすぎません（裁判例No.60）。

このように、新たに判決が出るたびに、そこで問題とされた行為の一部を切り取って、「○○もハラスメント」という記事などがネットで拡散するので、まじめにこういった1つ1つを勉強する人ほど、ますます何がハラスメントなのかについて、混乱が生じてしまうのです。

本書をお読み頂いた方は、今後、「○○がパワハラとされた」という記載を見かけても、その言葉尻に飛びつくことなく、できれば、その判決の原典に当たって頂き、本書でご紹介した4つの指標を念頭に置いて、どういう理由で、何がパワハラが認定されたのかを、ご自分で確認して頂ければと思います。

パワハラの海で漂流しないよう、これからご紹介する4つの指標を航海図や羅針盤として頂ければ、私も嬉しいです。

第 **2** 章

パワハラの
定義と線引き

1 │ 「パワハラ」の定義

　パワハラか否かは、**純粋な法律論であり、「違法か適法か」の問題であって、「妥当かどうか？」という問題ではない**、ということは、すでに第1章でお話ししたとおりです。

　そして、法律論としてのパワハラは、すでに述べたとおり、法律に規定がなされています。第1章にも掲載していますが、改めてもう一度見てみましょう。

【「職場のパワーハラスメントの予防・解決に向けた提言」
の中での「パワハラ」の定義】

　職場のパワーハラスメントとは、

① 　同じ職場で働く者に対して、

② 　職務上の地位や人間関係などの職場内の優位性を背景に、

③ 　業務の適正な範囲を超えて、

④ 　精神的・身体的苦痛を与える又は職場環境を悪化させる行為をいう。

【パワハラ防止法上の「パワハラ」の定義】

　職場におけるパワーハラスメントは、職場において行われる

① 　優越的な関係を背景とした言動であって、

② 　業務上必要かつ相当な範囲を超えたものにより、

③　労働者の就業環境が害されるもの

であり、①〜③までの３つの要素を全て満たすものをいいます。

　まずは、「線引き」の話に入る前に、前提として、それぞれの「パワハラの定義」につき、少し詳しく解説をしましょう。

2 | 「優位性」とは
同僚同士や部下から上司に対しても「パワハラ」は成立する

　法律の定義では、「優越的な地位」や「職場内の優位性」を背景とした行為は、パワハラに該当し得るとされています。つまり、パワハラは、必ずしも、職務権限や地位に基づいて行われる必要はなく、職場内での**「優位性」を背景としていれば成立し得る**ので、上司の部下に対するパワハラだけではなく、**同僚同士や、部下から上司に対しても成立し得る**ものです。

　同僚同士でも、例えば先輩が後輩に対して無視をして必要なことを教えなかったり、同僚同士である業務について経験のある者がない者に対して、バカにしたり、侮辱したりするような場合は、パワハラが成立し得ることになります。裁判例No.32では、「自分たちと同じような仕事しかしていないのに職務等級が高く、高い給与をもらっている」と同僚らに妬まれた社員が、上司ではなく職務上の上下関係もない同僚ら７名から、悪口を言う、書類の受け渡しの際に嫌がらせをされるなどの行為を継続的に受けて精神障害を発症した事案で、裁判所は「対象社員に対する上記いじめやいやがらせはいわゆる職場内のトラブルという類型に属する事実ではあるが、その陰湿さ及び執拗さの程度において、常軌を逸した悪質なひどいいじめ、いやがらせともいうべきもの」であると判断しました。

　また、**部下から上司に対しても、部下の方が現場経験やその部署の経験が長く、知識も豊富な場合には、職務上の優位性が部下の方に認められ、部下から上司へのパワハラが成立し得る**ことになります。

15

厚生労働省の指針では、以下のような場合には、パワハラが成立すると
されています（「事業主が職場における優越的な関係を背景とした言動に
起因する問題に関して雇用管理上講ずべき措置等についての指針」（令和
2年厚生労働省告示第5号）。以下、「厚生労働省の指針」といいます）。

(1) 部下による言動で、当該言動を行う者が業務上必要な知識や豊富な経
　　験を有しており、当該者の協力を得なければ業務の円滑な遂行を行う
　　ことが困難であるもの

(2) 部下からの集団による行為で、これに抵抗又は拒絶することが困難で
　　あるもの

　したがって、こうした場合に、部下が上司を無能呼ばわりする、バカに
して命令を拒否する、無視をする、顧客や第三者の前で「無能」「お前の
言うことなんか聞けるか！」といったような態度を取る、といった場合に
は、部下から上司への「パワハラ」が成立し得るということになります。

　実際にも、裁判例No.62では、部下から上司に対する、バカにしたよう
な発言や、必要な業務の引継ぎを事実上拒否するような言動が、違法と判
断されています。

3 ｜「職場において」とは
職務に関連する場所であれば
「オフィス」には限られない

　「職場」とは、必ずしもオフィスや工場、営業所などの物理的な職場を
意味するだけでなく、**職務と関連している状況**で行われれば、パワハラに
該当し得ることになります。したがって、**出張先、取引先との接待の席、
リモートワーク中などの行為、休日に電話や職場外での面談の際に行われ
た言動なども、パワハラの対象となり得ます。**

　このように、オフィスや営業所など以外の場所でなされた行為も問題に
されるとすると、会社側としては目が届きませんので、管理が難しく、頭
が痛い問題です。

第2章　パワハラの定義と線引き

会社施設外の行為にまで逐一目を光らせるというのは現実的ではありませんので、こうした場所での言動について、相談窓口への申告や、上司がパワハラの端緒を把握したというような場合は、慎重に情報を収集する必要があるといえます。

4 「業務上必要かつ 相当な範囲を超えて」とは

（1）適正な範囲であれば、職場環境が悪化したり、従業員が苦痛を受けてもよい？

定義を改めて見直してみてください。この**定義を、裏から読めば**、「**業務の適正な範囲**」、あるいは「**業務上必要かつ相当な範囲**」であれば、言われた方が「**精神的・身体的苦痛**」を受けたり、「**職場環境が悪化する**」ことがあってもよい、と明確に記載されています。

第1章で、「相手が嫌だと思ったらパワハラになる」というのが誤りだということは、すでにお話ししました。よく、ネット上などで、「**相手が嫌だと思ったらパワハラになる**」「**嫌だと思うようなことを部下にしてはいけない**」といった記載を見かけますが、少なくとも「**パワハラの定義**」**としては、完全に間違っている**ことが、お分かり頂けると思います。

もちろん、「身体的苦痛」というのは、殴ったりしてよいといっているわけではありません。暴力を振るう行為は、「業務上必要かつ相当な範囲」には入りません。ただ、「きつい仕事をやらされる」「ストレスが大きい業務を担当させられる」「残業しなければならない」といったようなことについては、精神的、身体的に苦痛を伴うとは思いますが、それが「業務上必要かつ相当な範囲」であれば、部下としては業務の範囲内ですからこれに従う必要がありますので、パワハラにはならないわけです。**上司は、こうした業務命令については、自信を持って発してよい、**ということにな

17

ります。もっとも、必要のない負担はなるべく避けてあげた方がよいですが、これは、指導や業務配分のやり方が妥当かどうかという問題であって、違法な「パワハラ」に該当するか、とは関係がありません。

（2）「業務上必要かつ相当な範囲」は、「平均的な労働者」を基準に判断される

　この「業務上必要かつ相当な範囲」とは、**「平均的な労働者」を基準に、「社会通念に照らして」判断されます**。そういう意味でも、「相手が嫌だと思ったらパワハラ」は間違いであることは明らかなのです。

　例えば、「事例編」の「事例4」のケースでは、「ゲジゲジが2人そろっているな」「百年の孤独要員」「お前はとろくて仕事ができない。自分の顔に泥を塗るな」などの発言について、パワハラではないと判断されましたが、その判決の中で、上司はこの部下に対して「好意をもって接しており、そのことは**平均的な者は理解できた**ものと考えられるし、部下もある程度はこれを理解していたものであって、上司の言動は部下本人ないし**平均的な耐性を持つ者に対し、心理的負荷を蓄積させるようなものであったとはいえず**、違法性を認めるに足りない」と判断しています。つまり、あくまでパワハラの判断基準は、平均的な者であって、本人の主観によって決められるものではないとされているわけです。

　もちろん、本人がどう受け止めていたかを、全く考慮する必要がないわけではありません。例えば、本人側の事情もあって、特別に本人が精神的負荷を感じており、何らかの配慮が必要な状態であって、それを上司も気づいていた、あるいは気づくべきであったという場合には、そうした配慮を欠く言動が、安全配慮義務違反になる場合はあり得るといえます。従業員のメンタルヘルスに対する配慮は、監督者としての上司には必要です。ただ、それを欠いたからといって、直ちに、違法性のある「パワハラ」になるわけではないということです。

18

第2章　パワハラの定義と線引き

　また、裁判例No.20のケースでは、うつ病に罹患して自殺に至ったものですが、それに先立ち、精神的身体的負担の大きい異動を会社が命じ、拒否をする本人に異動の説得をしたことに関して、会社は十分な説明と負担軽減措置などを講じていたことから、うつ病などの精神疾患に罹患しておらず、通常の精神状態にある者に対するものであったならば問題のないものであったと認定し、本人がうつ病に罹患していることを知らなかった会社としては、安全配慮義務はないと判断されています。

　裁判例No.55でも、この点は、はっきりと判示されています。すなわち、「パワハラについては、極めて抽象的な概念であり、これが不法行為を構成するためには、質的にも量的にも一定の違法性を具備していることが必要である。具体的にはパワハラを行ったとされた者の人間関係、当該行為の動機・目的、時間・場所、態様等を総合考慮の上、企業組織もしくは職務上の指揮命令関係にある上司等が、職務を遂行する過程において、部下に対して、職務上の地位・権限を逸脱・濫用し、社会通念に照らし客観的な見地からみて、**通常人が許容し得る範囲を著しく超えるような有形・無形の圧力を加える行為**をしたと評価される場合に限り、被害者の人格権を侵害するものとして民法709条の所定の不法行為を構成するものと解するのが相当である」としており、判断基準は「通常人」であることを明示しています。

（3）「業務上必要かつ相当な範囲」の判断基準

　ある言動が「パワハラ」に該当するかどうかは、多くの場合、この「業務上必要かつ相当な範囲」といえるかどうか、という形で問題になります。つまり、この要件が、まさにパワハラかどうかの判断をする中心的役割を果たすものであり、皆さんが「パワハラに該当するだろうか？」と悩むときも、ほとんどの場合、この要件で悩んでいるといってもよいかと思います。

19

では、この「業務上必要かつ相当な範囲」は、法律上、どのように定義されているのでしょうか？

　実は、**この要件に関する具体的な定義や規範は、法律の成文上は、どこにも書かれていない**のです。

　「そんなバカな」と思うかもしれませんが、法律というのはそういうものなのです。そして、「法律に具体的に書かれていない基準」を誰が具体化していくのかといえば、「裁判所」なのです。裁判所が、具体的な事案において、まず規範として、「一般論として、パワハラに当たるかどうかを判断する基準はこうです」というものを提示します。そして、具体的なその案件においては、この基準に当てはまる事実としてこういうものがあります、一方で否定する方向の事実にはこういうものがあります、ということを分析し、最終的に、その裁判で問題とされている言動がパワハラに当たるかどうかを判断するわけです。

　つまり、**この「業務上必要かつ相当な範囲」の判断基準そのものは、裁判例を分析しない限り、明確にはならない**ということなのです。

　いやいや、厚生労働省が詳しい指針を出していますよね、という声も聞こえてきそうです。しかし、**厚生労働省が出している指針では**、具体的な事例として「こういう行為はパワハラとされました」という例が色々と挙げてありますが、**そもそもどういう基準でこの「業務上必要かつ相当な範囲」を考えるべきか、という規範部分は、記載されていません。**

　例えば、「パワーハラスメントの定義について」（厚生労働省雇用環境・均等局 平成30年10月17日）では、「業務上の適正は範囲を超えて行われること」の意味として、「社会通念に照らし、当該行為が明らかに業務上の必要性がない、又はその態様が相当でないものであること」と記載されています。しかし、「明らかに業務上の必要性がない」とか「その態様が相当でない」の意味や基準は、示されていません。これだけで、「このケースでは相当でない！」という判断ができるかというと、不可能だと思います。

| 第2章 | パワハラの定義と線引き |

　本書では、**パワハラに関する多数の裁判例を分析し、そのうち参考になりそうなものを100例巻末にご紹介**した上で、さらに参考になりそうなものについては**「事例編」において12事例を詳しく説明**しています。そして、これらの100を超える裁判例を分析して、「業務上必要かつ相当な範囲」の判断をする基準や考え方を説明し、その上で、具体的事例への当てはめを見て頂くことで、よりイメージをしやすい形に整理しています。

　これらを、皆さんにも一緒に見て頂くことで、具体的な「パワハラの線引き」を、正しく理解し、体得して頂き、前例がない事例でも自信を持って対応できるようになってもらうのが、本書の目的です。

　具体的には、次章以降で詳しくご説明をしていきたいと思います。

嫌な仕事は断っていい？
無理やりやらせたらパワハラ？

　社員が数千人もいる大企業の管理職（課長）から、とても深刻な顔でご質問を頂いたことがあります。

　「部下に仕事を頼もうとすると、僕には無理です、って断られるんです。厚生労働省の指針でも、『担当者が対応できない負荷の業務を要求する』のは『過大な要求』としてハラスメントに該当するとされてますよね。結局、嫌な仕事は、素直に頑張ってくれる部下に頼むか、自分でやることになってしまい、『できませんと言った者勝ち』みたいな風潮になってしまっています。どうしたらいいでしょうか？」

　私は、またオーバーコンプライアンスの弊害で組織の生産性が下がっている、と天を仰いで嘆息しました。
　以下の解説でも詳細をご説明しますが、負荷の高い業務を行うように命じたとしても、それが業務上必要かつ相当な範囲内であれば、パワハラにはなりません。この課長が、業務上必要がある仕事について、業務負荷の偏りや適性、職場の状況等を検討した上で担当させる者を決めたのであれば、問題はないのです。
　具体的な裁判例でも、業務上の必要性があって仕事を担当させた場合に、それが、パワハラとなることはありません。裁判例の中で、こういった類型がパワハラとされるのは、嫌がらせ目的や、事実上の制裁、あるいは感情をぶつけたりといった理由で、通常の業務ではないような嫌な仕事をわざわざ作り出し、それを押しつけるというような場合です。もちろん、皆さんはそんなことはしないと思いますので、通常業務の範囲内であれば、遠慮なく「嫌な仕事」でも担当を命じてもらって結構です。

| 第2章 | パワハラの定義と線引き |

　もちろん、適材適所を心がけることは大切ですし、また、自発的に
やる気になってくれた方が生産性は上がりますので、その業務の意味、
その業務を通じて会社や社会にどう貢献できるか、その業務をすると
自分がどのように成長できるか、等を丁寧に説明し、「君に期待してい
るよ！」と言ってお願いする方が望ましいとはいえます。また、丸投
げはせず、必要に応じて適切なタイミングでフォローに入るなどの配
慮も必要でしょう。当然、自分の好き嫌いで、嫌な仕事を特定の人に
押しつけるようなことは、論外です。

　しかし、これらの配慮を行いつつ、適切に仕事を分担させたのであ
れば、それは正しい指示ですから、自信を持って命令すべきです。あ
くまでそれを拒否するなら、人事評価は下げるべきですし、場合によ
っては懲戒処分も検討すべきでしょう。そうでないと、「正直者がバカ
を見る」ことになり、職場の生産性が下がるとともに、「本当に残って
ほしい人」が辞めてしまうという最悪の結果を招くかもしれません。

　なお、裁判例上も、本人の意に沿わないことをやらせたり、本人に
発言させなかったりといった言動が、必ずしもパワハラには該当しな
いと判断したものも多数あります（裁判例No.3、6、8、11、37、53、
88、91など）。

　リーダーには、優しさが必要なのはもちろんですが、「公正さ」や「強
さ」も、必要ですね。

第 **3** 章

なぜ、上司は部下に、命令、指導、叱責ができるのか?
パワハラを防ぐために不可欠な「業務命令」の範囲の理解

1 なぜ、会社(上司)は従業員(部下)に命令や指導、叱責ができるのか?

　パワハラの背景として、そもそも、会社においては、部下は上司の命令に従わないといけないし、ミスをしたら叱責されてもしょうがない、という考えがあります。

　それは、そのとおりなのですが、一方で、上司が持っている「命令」や「叱責」の権限には、自ずと限界があります。それを考えずに、**とにかく「上司」なんだから、部下に命令や注意、指導、叱責ができるのは当たり前だ**、と思っていると、「パワハラの海」で漂流してしまうことになります。

　上司や会社が、なぜ部下や従業員に命令や注意、指導、叱責などができるのかを正しく理解しておくことは、パワハラの本質を理解する上で、とても重要です。

| 第3章 | なぜ、上司は部下に、命令、指導、叱責ができるのか？
パワハラを防ぐために不可欠な「業務命令」の範囲の理解 |

2 最初にしっかり理解しておきたい、会社（上司）と従業員（部下）の関係

　考えてみると不思議なことです。大人同士、例えば街中ですれ違う人たちや、仕事と関係なく趣味などで出会う人たちの間には、「上下関係」というのはありませんし、誰かが誰かに一方的に命令して強制することはできません。

　それなのに、なぜ**会社に入ると、部下は上司の子供でもなければ、家来でもないのに、上司は部下に命令をしたり、指示をしたり、叱責したりすることができるようになるのでしょうか？**

　部下から、以下のように言われたとしたら、皆さんはどう答えるでしょうか？

　「私は、部長の命令に全然納得できませんから、従いません！なぜ、納得できない指示に従わなければいけないんですか！」

　会社で働いている人の中で、自分の意思に反して連れてこられて、強制的に労働させられている人、というのは日本には存在しないはずです。**必ず入社する際に、雇用契約などの契約を締結し、自分の意思で、会社で働くことにしたはず**です。

　この「雇用契約」とは、簡単にいえば、「**労働時間中は、労務に専念し、会社のために働きます。そのかわり、提供した労働に対して給与を払ってください**」**というもの**です。このような雇用契約を締結したのですから、会社は従業員に給与を支払わなければなりません。一方で、**従業員は、会社の指示や命令に従って、労務の提供を行わなければなりません。**

　では、この「会社の命令」は、誰が下すのでしょうか？

　この場合、「会社」さんという人がいるわけではありませんので、会社

25

内で定められた意思決定プロセスを経て「会社としての意思」が決定され、それに基づく「会社の業務命令や指導」が、会社の指揮命令系統に沿って、代表取締役から順次、上司から部下へと流れてくるわけです。もちろん、会社の指示や命令に従う約束ですから、それに従わなかったり、ミスをして会社に損害を与えた場合には、それを是正して、雇用契約どおりにきちんと仕事をしてもらうために、研修や訓練を命じたり、業務のやり方を管理して厳しく指導したり、場合によっては叱責するということもできることになります。

　つまり、**上司が部下に指導や命令、叱責などができるのは、その部下が会社と雇用契約を締結しているから、に他なりません。「会社の指示や命令に従って仕事をすると自分で約束したんだから、命令に従ってください」**ということですね。

　「パワハラ」を理解しようとする場合は、まずこの、**「上司と部下の関係は、雇用契約に従って、指揮命令権を行使し、行使される関係にすぎない。それ以上でもそれ以下でもない」**ということを、しっかりと頭に入れておく必要があります。細かいテクニックや、言葉尻を検討するよりも、この視点を持つことが非常に重要です。逆にいえば、この視点がないまま、いかに「パワハラ」についての勉強をしたとしても、正しく判断ができる日は来ないといってもよいでしょう。

　もちろん、実際の職場では、やはり上司は部下に人間的にも慕われていた方がよいですし、そういう上司に部下もついていくという関係が望ましいといえるでしょう。私も、それを否定するものではありません。ただ、それは、あくまでコーチングやチームビルディングの話なのです。**「違法なパワハラかどうか」**というテーマとの関係では、上司と部下の法的な関係は、ご説明したような、**「雇用契約に基づく業務上の指揮命令関係」にすぎない**ことを、しっかりと頭に置いておく必要がある、ということなのです。

第3章　なぜ、上司は部下に、命令、指導、叱責ができるのか？
パワハラを防ぐために不可欠な「業務命令」の範囲の理解

3 「業務命令」の範囲

　では、部下は、上司の命令なら全て従わなければならないのでしょうか？
　ここで、ちょっとクイズを出しますので、考えてみてください。

　　　以下の上司の命令のうち、部下が従う義務があるのはどれでしょうか？
① 「今度の日曜日に、うちの子供のサッカーの試合があるから、送迎の運転手をしてくれ」という命令
② 「俺は、化粧をする奴はきらいだから、化粧はするな」という命令
③ 「ひげを生やすなんて汚らしい。清潔な身だしなみが社会人の基本だ。ひげは剃れ」という命令
④ 「仕事中はきちんとした格好をしてもらいたい。路線バスの運転手である以上は、暑くても、制帽をきちんと着用しなさい」という命令。

　ここは、ぜひ、答えを先読みしようとせずに、理由も含めて、しっかり考えてもらえればと思います。

　先に述べたとおり、部下が上司の命令に従わなければならないのは、「会社の命令に従って会社の仕事をします」と約束したからです。つまり、**「会社の仕事」に関係のある命令（業務命令）には従う必要がありますが、会社の仕事とは関係のない命令に従う必要はありません。**
　したがって、クイズの①などは、会社の仕事と関係がありませんので、業務命令ではありません。業務命令ではない以上、あくまで上司と部下の関係は、雇用契約に従った指揮命令権の関係でしかありませんので、部下はこのような命令に従う義務は全くありません。もちろん、上司と部下も

人間ですから、対等な友人や知り合いという関係を前提に、「お願い」すること自体は違法ではありませんが、もともと色々と忖度が発生する関係でもありますので、少しでもしつこく「お願い」するとか、高圧的に「お願い」するということがあると、業務命令でないことを「事実上強制」したとして、パワハラになる可能性が一気に増加します。これを、厚生労働省の指針などでは、「個の侵害」（私的なことに過度に立ち入ること）などと分類しているのですが、**「私的なこと」かどうかは、すなわち、「業務命令の範囲」かどうかで決まるのです。**

　では、②③はどうでしょうか？「化粧をするかどうか」や、「ひげを剃るかどうか」は、個人の趣味嗜好の問題ともいえますが、度を超えたものについては、職場環境を悪化させたり、顧客の信頼を失ったりすることも考えられます。

　このような、「業務命令」の範囲内かどうかを判断するためには、上司や社長が主観的に「こんなのはうちらしくない」とか、「信頼を失う」と思ったというだけでは足りず、以下の2つのどちらかに該当するかどうかを、個別に考える必要があります。

【業務命令の範囲か否かの判断基準】
（a）業務の円滑・適正な遂行のために合理的に必要な命令か否か
（b）会社や業務に対する信頼の維持・獲得のために合理的に必要な命令か否か

　この点、個人の外観や着ている洋服などに関しては、多くの裁判例が出されています。

【イースタン・エアポートモータース事件（裁判例No.2）】

　この裁判は、航空会社のパイロットやCAを空港からホテルまで送迎する仕事を専業にしており、高級感あふれる雰囲気や、清潔で信頼感のある車内空間を作ることがブランドイメージづくりにとって重要であるハイヤ

第3章	なぜ、上司は部下に、命令、指導、叱責ができるのか？ パワハラを防ぐために不可欠な「業務命令」の範囲の理解

ー会社において、「ひげを剃って乗務すること」という就業規則の効力が争われた事例です。

対象となった運転手は、特に汚らしいひげや、奇異なひげを生やしていたわけではありませんが、いわゆる口ひげを生やしていたところ、会社からこれを剃るように命じられました。

この「命令」が「業務命令」に当たるか否かについて、裁判所は、以下のように述べ、結論として、「業務命令に当たらない」と判断しました。

まず、一般論としては、服装やひげなどについては個人的な趣味嗜好に含まれるものであるものの、「労働契約の場においては、契約上の規制を受けることもあり得るのであり、企業に対して無制約な自由となるものではない。すなわち、**従業員は、労働契約を締結して企業に雇用されることに伴い、労働契約に定められた労働条件を遵守し、その義務を履行することは当然である**」とし、その上で、ハイヤー会社においては、特に属人性が高く、「従業員の服装、みだしなみ、善行等が企業の信用、品格保持に深甚な関係を有するから、他の業種に比して一層の規制が課せられるのはやむを得ない」と判断しています。

しかし、一方で、「**企業は、労働契約により従業員を雇用しているとはいえ、これを一般的に支配できるものではない**のであるから、**右規律といえども労働契約の履行との関連性をはなれてなし得ない**のはもとより、従業員の**私生活上の自由を不必要に制約するものであってはならない**こともまた当然」としました。

その上で、まず、(a)の業務の円滑・適正な遂行に対する阻害要因になっているかという点については、「顧客が求めているハイヤーサービスと不調和をきたすようなハイヤー運転手の容姿、服装、みだしなみ、挙止等に対しては時宜に応じて必要な業務上の指示・命令をなし得るのは当然である」としつつも、本件においては、対象運転手がひげを生やして乗務していることに関して、**契約先である全日空側から一度もクレームや苦情等がなかったことなどを理由に、対象運転手の口ひげによって「会社の円滑かつ健全な企業経営が阻害される現実的な危険が生じていたと認めること**

29

は困難」と判断しました。

　さらに、(b)の信頼確保の観点からも、**「ハイヤー運転手が口ひげをは
やして乗車勤務しないとの作業上の慣行が、ハイヤー業界一般あるいは会
社において確固として存していたとは解し難い」**として、世の中一般から、
ハイヤー運転手は普通口ひげは生やしていないというような信頼があると
いうには至っていないから、**口ひげを生やしたとしても、「ハイヤー運転
手」としての信頼は損なわれない**、と判断しました。

　以上の結果、この「ひげを剃って乗務するように」という命令は、業務
命令とはいえないと判断しました。

【淀川交通仮処分事件（裁判例No.79）】

　本件は、性同一性障害と診断され、生物学的には男性だが性自認は女性
である乗務員が、化粧をして乗務をしようとしたところ、化粧をするなら
乗務させないなどとした会社の扱いに、合理性がないと判断された事例で
す。

　裁判所は、当該乗務員が化粧をして乗務することによって「今日の社会
において、乗客の多くが、性同一性障害を抱える者に対して不寛容である
とは限らず、会社が性の多様性を尊重しようとする姿勢を取った場合に、
その結果として、乗客から苦情が多く寄せられ、乗客が減少し、経済的損
失などの不利益を被るとも限らない」とし、結論として、「化粧の程度が
女性乗務員と同等程度であるか否かといった点を問題とすることなく、化
粧を施した上での乗務を禁止したこと及び禁止に対する違反を理由として
就労を拒否したことについては、必要性も合理性も認めることはできな
い」と判断しました。

　つまり、**当該従業員に、女性乗務員もする程度の通常の化粧をして乗務
を認めたとしても、具体的な業務への支障が及ぶとは限らず（(a)業務の
円滑・適正な遂行）**、また、そのようにしたからといって、**直ちに、社会
一般から苦情が寄せられるなどして信頼を失うことはない（(b)信頼の確
保）**という判断といえます。

30

第3章　なぜ、上司は部下に、命令、指導、叱責ができるのか？
パワハラを防ぐために不可欠な「業務命令」の範囲の理解

【神奈川中央交通減給事件（裁判例No.8）】

　夏の暑い時期において、路線バスの運転手に対して「制帽を着用するように」という命令が、業務命令に当たるかどうかが争われた事例で、裁判所は、これを業務命令に当たると判断しました。

　その理由として、裁判所は、「乗合バス事業が、不特定多数の公衆に輸送便益を提供し、乗客の生命、身体、財産の安全に直接かかわる公共性のある事業であることにかんがみ、乗務員に対して、**制服、制帽を着用させることを通してその任務と責任を自覚**させる」という意味で、**業務の円滑・適正な遂行のために合理性があるとし（(a)業務の円滑・適正な遂行）**、さらに、バスを**「利用する公衆に対して、正規の乗合バスの乗務員であることを認識させて信頼感を与える」という目的があるとして（(b)信頼の確保）**、結果として、合理性があると判示しました。

　以上のように見てくると、クイズの②は、過度に濃すぎるメイクや奇異なメイクでない限り、「化粧をするな」という命令は「業務命令」とはいえず、単なる上司の私的な価値判断の押しつけといえます。

　また、③も、奇異なひげや汚らしい無精ひげでない限り、同様に「ひげを剃れ」という命令は業務命令とはいえないという結論になります。

　④については、制帽の着用を求めることには合理性があり、業務命令として有効ということになります。

　業務命令の範囲を考えずに、「部下は上司の言うことは聞くもんだ」といったような、体育会系部活動的な発想で、部下を「思いどおり」にしようとすると、パワハラになりやすいといえます。裁判例では、こうした事例は多く見られます。裁判例No.17では、部下にプライベートな用事を命じたり、交際相手との関係に面白半分に踏み込んだり、からかいや暴力などが繰り返された事例で、パワハラと判断されています。

　裁判例No.56では、仕事のミスをした部下に対して、私的な用事をさせたり、交際相手と別れろと発言した行為がパワハラと判断されています。

31

また、職員同士の勤務時間外の私的な交際を、上司が勤務時間中に誹謗中傷したり、止めさせようとした行為が、パワハラと認定された事例もあります（裁判例No.47）。命令や指導をする前には、いったん立ち止まり、「業務の円滑適正な遂行」か、「業務に対する信頼確保」のために合理的に必要な内容になっているかを、冷静に判断する必要があります。

4 「業務命令」かどうかを、本質から考える

　「なぜ、俺の子供のサッカーの試合の手伝いに来ないのか？」と執拗に部下に要求し続けたり、「君の化粧は濃すぎる。薄くしなさい」と言い続けたりすると、パワハラに該当する可能性があります。これは、そもそも「業務命令」でないことを、強制しているからです。

　上司は、部下に対し、「業務命令」をすることができるだけの関係だからです。

　そうすると、**今行おうとしている指導や命令、あるいは叱責や注意が、業務命令の範囲内なのかどうかを、きちんと判断できることが、まずは、パワハラの理解のために必要不可欠**といえます。

　そして、「パワハラかどうか」も、「業務命令の範囲かどうか」も、結論だけを覚えるのではなく、**「なぜそういう判断になったのか」**という「**判断のプロセス**」を理解しない限り、全く役に立ちません。

　例えば、先ほどのクイズを参考に、「そうか、化粧とひげについての指導はNG、制服制帽についての指導はOKなんだ！」というように、結論だけを覚えてしまうと、ますます混乱することになります。

　内勤の事務所についての「制服・制帽」着用義務は、その職務内容や外部の人が出入りする空間か否かといった前提によっては、否定されることもあるでしょう。あるいは、仮に路線バスだったとしても、今後「世の中の常識」が変わってくれば、制帽着用義務は否定されるかもしれません。

| 第3章 | なぜ、上司は部下に、命令、指導、叱責ができるのか？
パワハラを防ぐために不可欠な「業務命令」の範囲の理解 |

　化粧やひげも、過度なものや奇異なものは、接客を伴う業務であれば、これを禁止や制限する命令に合理性が認められることも出てくるはずです。

　つまり、**事例と結論を覚えるのではなく、「判断のプロセス」を理解し、他の場合に応用できるようにしておかないと、現実の事案においては、役に立たない**ということです。

　これは、本書で皆さんにお伝えしたい、最も重要なことの1つでもあります。

　本書でご紹介する事例や裁判例を見る際にも、結論だけに着目するのではなく、その「判断のプロセス」を理解するようにしてもらえると、より応用ができるようになります。

パワハラ対策のゴールを「パワハラ０」にしてはいけない理由

　私は、たくさんの企業のハラスメント対策を監修することがありますが、いつも最初にお聞きする質問があります。それは、「御社のハラスメント対策のゴールは何ですか？」という質問です。
　こういう質問をされると、担当の方も、「え？」といって固まってしまうことが多いのです。どんな取り組みにも、「ゴール」は必要です。「ゴール」があるから、そこに至るために、道筋を描き、そこに向かって歩いていくことができるのです。ハラスメント対策も同じです。まずは、「ゴール」を意識する必要があります。

　こういった場合、よく「わが社のハラスメントを０にすることです。担当役員からも、ハラスメントを０にするようにいわれています」というお答えを頂くことがあります。
　しかし、「ハラスメント対策のゴールを、『ハラスメント０』にしてはいけない」のです。
　私がそういうと、担当の方は、「いや、しかし、ハラスメントはない方がいいですよね？０にするのが目標で何がいけないんですか？」と聞き返されます。
　ハラスメントが０になることは、良いことですし、私もそれを否定するわけではありません。ただ、「ハラスメント０」は、結果として達成されるものであって、「目標」にすべきものではないのです。

　ハラスメントを０にしようとすると、上司は、少しでもハラスメントの疑いがあることは一切やらないということになります。そして、本書を読んでいない管理職の皆さんにとって、ハラスメントの線引きは分かりにくく難しいものです。そうすると、「ハラスメントの可能性

| 第3章 | なぜ、上司は部下に、命令、指導、叱責ができるのか？
パワハラを防ぐために不可欠な「業務命令」の範囲の理解 |

があるような厳しい指導や叱責は一切行わない」ということに繋がり、「ヌルイ職場」ができ上がってしまいます（第17章参照）。

　そうなると、職場の生産性は上がらず、適切な教育や指導もできず、優秀な社員は、「こんなヌルイ職場では成長ができない」といって辞めてしまい、ぬるま湯に浸かるのが好きな中途半端な社員だけが残ってしまいます。そんな職場や会社に、未来はあるでしょうか？

　ハラスメント対策のゴールは、「心理的安全性を高め、積極的、自発的で、創意工夫のある、生産性の高い組織を作ること」です（第17章参照）。上司にとっては、部下がチームの目標達成に積極的にコミットし、様々な創造的な意見を自発的かつ積極的に出し、工夫し、挑戦し、チームの高い目標を軽々とクリアしてくれるとしたら、まさに夢のような職場ではないでしょうか？そして、上司としては、その部下の挑戦を、手助けし、支援し、伴走すればよいのです。

　そのためには、ハラスメントがないだけでなく、心理的安全性が高く、建設的で生産性の高い職場を作る必要があります。それが実現できれば、ハラスメントは、意図しなくても「0になってしまう」のです。

　くれぐれも、「ハラスメントを0にする」ことを目標にしてしまい、結果として「ヌルイ職場」を作ってしまうことのないよう、常に目的意識を持って取り組んで頂きたいと思います。

35

第4章

実は、たった1つしかない「パワハラの判断基準」

1 そもそも上司も部下も「対等な大人同士の関係」

　上司も部下も、対等な大人同士の関係であり、職制上の上下は人間としての上下とは無関係です。

　そして、対等な大人同士の関係である以上、相手に命令して一方的に従わせることも、頼みごとが上手くいかなかったからといって叱責することも、本来はできないはずです。

　道が分からなくて、通りすがりの人に道を尋ねるときに、いきなり「おい！お前！○○の場所を教えろ」と命令する人はいませんよね？また、相手の説明が分かりにくかったからといって、「お前の説明の仕方は要領を得ない。いいか、こういうときは、こういう風に説明するんだ」などと偉そうに説教することもありませんよね？

　会社の上司部下も、同じです。原則は、相手を対等な個人として尊重し、何かお願い事をするなら丁寧に頼まなければなりませんし、頼んだことが上手くいかなくても、怒鳴りつけるなどはもってのほかです。

　ただ、これが「仕事に関すること」になると、もちろん違ってきます。仕事上の指示が常に「お願いベース」では、仕事は回りませんよね？つまり、**上司と部下も、原則はお互いに対等に尊重する関係であることを前提としつつ、「仕事に関すること」だけは、例外的に、「業務命令」をしたり、その命令が遵守できなければ指導や注意などができる**ことになります。

　したがって、上司としては、部下に対して「例外的に」命令や指導、注

36

第4章　実は、たった1つしかない「パワハラの判断基準」

意などができる範囲を、しっかり理解しておく必要があります。

2 ｜ 会社や上司の権限の限界

　この「範囲」については、次のように考えます。

　まず、これまで見てきたとおり、会社と従業員の関係は、雇用契約に基づく関係です。

　会社は、経営目標達成のために従業員を雇用し、その目的達成のために必要な業務を行ってもらうように命令、指導を行う権限を持っています。そして、従業員は、会社の経営目標達成のために、会社の命令、指導を受けて、それに従って業務を行います。

　つまり、**会社も、上司も、部下も、みんな1つの共通の目的である「会社の経営目標達成」のために業務を行っており、そのために役割分担をする仲間なのです。**

　上司は、「会社の経営目標の達成」のために合理的に必要なことであれば、それを部下に命令することができますし、部下も、それがたとえ自分の意に反することや、精神的又は肉体的につらいことであっても、業務命令に従って、一緒に会社の経営目標の達成を目指さなければなりません。

　しかし、会社の職制上の上下は、人間としての上下ではありませんので、上司だからといって、何でも部下を思いどおりにできるわけではありません。ましてや、会社の経営目標達成と関係ないことや、**会社の経営目標達成に合理的に役に立たないことについては、そもそも部下に命令や強制をする権限自体を持っていない**ことになります。

　上司が、雇用契約上会社が持っている指揮命令権を超えて、業務命令の範囲外のことを部下に押しつけたり、業務命令の範囲外のことを行って、部下に合理的必要性のない精神的・身体的苦痛を与えるような行為は、パワハラになり得るということになります。

37

3 たった1つの「パワハラの判断基準」

　そうすると、パワハラかどうかの判断基準というのは、実は1つしかないことになります。

　つまり、その基準とは、

「会社の経営目標達成のために合理的に関連することか、そうでないか」

ということです。

　これをもう少し解像度を上げてご説明すると、次のようになります。

【たった1つの基準の説明】

指導や命令として許されるもの	パワハラ
・会社（組織、チーム）の共通の目的達成のために合理的に資するかどうかを、理性的に検討して行うもの	・会社（組織、チーム）の共通の目標達成のために合理的に資するかどうかと関係なく行われるもの
・人材の有効活用の視点から、部下の成長（ミスの防止、業務効率の向上、スキルや人間性の成長）のために何が必要かを、合理的に考えて行うもの	・「怒り」や「嫌悪」「からかい」「蔑み」など、何らかの「感情」を表現したり、ぶつけるための手段として行われるもの

　この「パワハラ」の2つの要素が全くないものについて、判例上、パワハラと認定されることは、まずないといってもよいでしょう。

　例えば、厚生労働省の指針等によれば、パワハラとされる例として、以下の6類型が挙げられています。

（1）身体的な攻撃（暴行・傷害）
（2）精神的な攻撃（脅迫・名誉毀損・侮辱・ひどい暴言）
（3）人間関係からの切り離し（隔離・仲間外し・無視）
（4）過大な要求（業務上明らかに不要なことや遂行不可能なことの強

制、仕事の妨害）

（5）過小な要求（業務上の合理性なく、能力や経験とかけ離れた程度
　　の低い仕事を命じることや仕事を与えないこと）

（6）個の侵害（私的なことに過度に立ち入ること）

　しかし、これらは、全て、先ほどの**「たった1つの基準」の具体例**に他なりません。

（1）**身体的な攻撃**：暴行や傷害行為を行ったら会社の経営目標が達成されるという合理的関連性はないのは明らかですし、通常は、暴行や傷害といった暴力行為は、冷静に状況を分析しながら「ここは一発殴っておいた方が、経営目標達成のために合理的に役立つな」と考えて行うようなことはなく、つい感情的に手が出てしまったのではないでしょうか？

（2）**精神的な攻撃**：脅迫や名誉棄損、侮辱などをしたからといって、言われた方がやる気になって会社の経営目標が達成されるということは合理的に考えてあり得ないでしょうし、そういった侮辱的発言などをするのは、相手に対する「嫌悪」や「蔑み」といった感情が、つい言葉になってしまったからといえます。

（3）**人間関係からの切り離し**：大切な仲間であり、人的戦力である同僚や部下を、無視したり、意図的に必要な連絡をしなかったりすると、会社の経営目標達成のためにはマイナスしかありません。そして、そういったマイナスなことをあえてするというのは、会社の経営目標達成のことを考えて行われるのではなく、「嫌悪」や「からかい」「蔑み」といった感情の表現として行われていることは明らかです。なお、結果的に連絡が十分にされていないことがあったとしても、他意がなく「ミス」により連絡がなされなかったような場合には、パワハラにはなりません。

（4）**過大な要求**：最初から絶対にできないと分かっているような無茶な仕事を担当させても、期限までにできないわけですから、経営目標達成

のための合理的な人員配置でないことは明らかです。まして、仕事の妨害などは、経営目標達成のためにはマイナスでしかないものです。それらをあえてやるということは、経営目標達成以外の目的、つまり対象者に対する「嫌悪」や「侮辱」「からかい」といった感情の表現としてなされているものと考えられます。

(5) 過小な要求：明らかに対象者の能力、経験、給与などに見合わない過小な業務をやらせるというのは、人的資本活用の面からはマイナスでしかなく、経営目標達成のためにはマイナスしかない行為です。これらをあえて行うというのは、対象者に対する「嫌悪」「侮辱」、あるいは、解雇理由がないのに無理に退職を強要しようとする嫌がらせ目的などによってなされているといえます。

(6) 個の侵害：本来、会社の経営目標と無関係なはずのプライベートな領域に立ち入り、経営目標と関係のない干渉を行うのは、会社の経営目標達成以外の個人的な感情によってなされているものと考えられます。

　つまり、これらの類型を1つ1つ理解しようとする必要はなく、結局のところ、本章でご説明した「たった1つの基準」を、具体的に説明しているだけだと考えれば、「パワハラの海」で漂流してしまうことはありません。

　逆に、この「たった1つの基準」を頭に置かずに、これらの要素を1つ1つ個別に読み解こうとすると、あっという間に迷子になってしまいます。厚生労働省の指針自体も、この6類型について、**「ただし、個別の事案の状況等によって判断が異なる場合もあり得る」**として、これらに該当するように見えてもパワハラにならない事例があることを明記する一方、**「限定列挙ではない」**として、これらの類型以外にも、パワハラに該当し得る例があることを明言しています。

　つまり、厚生労働省の指針自体が、これらの文字面を読むだけでは、パワハラの境界は分からないという前提で、ただ、具体例の一部を説明する

第4章　実は、たった1つしかない「パワハラの判断基準」

ことで、少しでもイメージを持ってもらいたいという意図の下に作成され**たもの**なのです。

4 「たった1つの基準」の使い方

パワハラかどうかの線引きは、実は、この「たった1つの基準」でほぼ解決できるともいえます。この「たった1つの基準」は、パワハラかどうかを判断する上での最も基礎となる「視点」であり「考え方」であり、判断基準そのものといえます。

もっとも、これだけで正確な判断を下すのは難しいので、**さらに解像度を上げて「4つの指標」として、第5章以降で、さらに詳しく解説して**いきたいと思います。

この「たった1つの基準」と、それに基づく「4つの指標」を常に念頭に置いて頂ければ、もう「パワハラの海」で漂流することはなくなると思います。

一方で、これらを念頭に置かずに、個々の事例の事実関係だけをつまみ食いすると、あっという間にパワハラの海で漂流してしまいます。**大切なのは、具体的な事例などを見る場合にも、常に、この「たった1つの基準」と「4つの指標」を念頭に置いて、自分なりに分析するようにして読んで頂くことです。**

41

第 **5** 章

パワハラかどうかを
明確に判断するための
「4つの指標」

1 | パワハラかどうかを
明確に判断するために

　ここまで、実はパワハラかどうかの基準は1つしかない、というお話をしてきました。大切なことですので、改めて、記載します。

【「たった1つの基準」】
　「会社の経営目標達成のために合理的に関連することか、そうでないか」

【「たった1つの基準」の説明】

指導や命令として許されるもの	パワハラ
・会社（組織、チーム）の共通の目的達成のために合理的に資するかどうかを、理性的に検討して行うもの	・会社（組織、チーム）の共通の目標達成のために合理的に資するかどうかと関係なく行われるもの
・人材の有効活用の視点から、部下の成長（ミスの防止、業務効率の向上、スキルや人間性の成長）のために何が必要かを、合理的に考えて行うもの	・「怒り」や「嫌悪」「からかい」「蔑み」など、何らかの「感情」を表現したり、ぶつけるための手段として行われるもの

　とはいえ、これだけでは、なお具体的事例においての判断には、迷うことも多いかと思います。**そこで、具体的事例において、パワハラかどうかを判断するために、検討すべき「4つの指標」を、**以下に記載しました。

42

第5章　パワハラかどうかを明確に判断するための「4つの指標」

　具体的事例においては、「たった1つの判断基準」を念頭に置きつつ、「4つの指標」を当てはめていくことで、**かなり精度の高い判断ができるようになる**はずです。

　もちろん、判断が微妙な事例というのは必ずありますし、裁判においても、第一審と控訴審、上告審などで判断が分かれる事例もありますので、100％確実かつ明確に判断するということは不可能です。ただ、この基準と指標が正しく使えるようになれば、日常業務の中で、パワハラかどうかの判断を大きく誤ることはなくなるといってよいでしょう。

2 | パワハラかどうかを明確に判断するための「4つの指標」

　その「4つの指標」とは、以下のとおりです。

パワハラかどうかを明確に判断するための「4つの指標」

☞ 指標①「適正な業務の遂行」を目的としたものかどうか
　　　　　〜負の感情の表現や、不当な目的の完遂などを目的としていないか〜

☞ 指標② 内容や態様について「目的達成のための業務上の合理的な必要性」があるといえるか

☞ 指標③ 叱責だけでなく、成長をサポートする言動や体制があるか

☞ 指標④ 人格攻撃や嘲笑になっていないか

　そして、これらの4つの指標は、**1つずつ独立に判断するのではなく、これら4つの指標を基に検討した結果、全体として、「たった1つの基準」に適合しているかどうかという判断をする**、という関係にあります。

　あくまでも、最終的には「たった1つの基準」の判断をしているのだということを忘れずに、「木を見て森を見ず」とならないよう、注意が必要

です。

3 | 4つの指標の使い方

パワハラかどうかの判断は「総合的な判断」です。
パワハラに該当するかどうかは、**この言葉を言ったらNGとか、「大きな声」を出したらNG**、といったような形式的なものではありませんし、要素**単体で判断されるものでもありません。**

厚生労働省の指針等を切り取って解説したり、世の中の事例を切り取って解説して、「○○という言葉が、パワハラと認定されました」といった説明をしている事例を見かけますが、そのような**事実の一部を切り取った情報は、全く参考にならない**といってよいでしょう。

4 | 4つの指標の「総合的な判断」の具体例〜暴言〜

パワハラかどうかは、総合的な判断であるという点について、よくありがちな「暴言」を題材にして、具体例を見てみましょう。

　　次の発言は、パワハラに該当するでしょうか？

（a）「お前は子供や高校生の姉ちゃんでもできる仕事しかしていない」
（b）「俺もキレルぞ」
（c）「給料泥棒」

※裁判例No.67より

第5章　パワハラかどうかを明確に判断するための「4つの指標」

　（a）と（c）は人格否定、（b）は脅迫なので、いずれもパワハラに当たる、というお答えが多いのではないかと思います。そう答えられた方は、よくパワハラについて勉強されていると思いますし、その感覚は、間違いではありません。

　ただ、本章で解説しているとおり、パワハラは「総合的な判断」ですので、4つの指標に関する要素をしっかりと収集し、それらを組み合わせて全体として「会社の経営目標達成のために合理的に関連する」かどうかを検討しなければなりません。つまり、言い方を変えると、**「暴言」は「単独では、パワハラになるかどうかは、判断ができない」**ということです。

　この（a）〜（c）の言葉も、裁判例では、パワハラではないと判断されています（裁判例No.67）。

　この事案は、うつ病を発症して自殺した社員の遺族が、このうつ病の発症と自殺が業務に起因するものであるとして遺族補償給付金等を請求したが認められなかったため、不支給処分取り消しを求めて裁判を起こしたという事案です。裁判所でも、業務起因性、つまり「うつ病自殺は業務が原因である」という関係はないと判断されました。

　その中で、上記（a）〜（c）の発言は、対象社員の業務成績が芳しくなく、評価も低く、また態度が硬直的で協調性がないなどの問題点も多く抱えていたところ、それでも、上司や周囲としては、指導や育成を繰り返していました（指標③）。また、全体としては、個人の性格や能力を繰り返し非難するようなことはなく、個々の行為についての指導や注意を行っていました（指標④）。そのような中で、対象社員が、自らの能力を過大評価し、問題点が解決したのは自分のおかげであると強硬に主張して他の社員を非難するような行動があったため、それに対して、（a）の発言がなされたものでした。また、上司は、この点についての対象社員の主張にも耳を傾け、時間をかけて、複数の社員から個別に聞き取りを行い、その結果、やはり問題の解決は対象社員の功績ではないということを冷静に説明したところ、対象社員が、上司が主導して皆で示し合わせて虚偽のヒアリング結果を作ったと論難したため、それに対して（b）の発言がなされました。

45

また、さらに、対象社員は、自身への会社の扱いが不当だと言い続け、それを是正しない人事担当者が「給料泥棒」だと言ったため、上司が、それに対して、それはお互い様であり、対象社員も「給料泥棒と呼ばれないだけのことをやっているのか？」という問いかけを行ったのが（c）の発言でした。

裁判所は、このような前後の経緯を踏まえると、発言（a）については「対象社員の態度に対する注意」の目的でなされたもので正当であり（指標①）、指導の範囲内である（指標②）と判断しました。

また、発言（b）についても、対象社員が、アンケートの結果を不当に論難したことに対するものであって、「確かに不適切な部分を含むものの、その内容は一般に会社における人間関係を形成するに当たって必要な指導であると認められる」とし、指導目的として正当である（指標①）と判断しています。

さらに発言（c）についても、この発言は、対象社員が「給料泥棒」という発言をして人事担当者を揶揄したことに起因するのであって、対象社員の態度を改めるように諭す目的でなされたものであり（指標①）、その表現内容それ自体から見れば不適切なものであったといわざるを得ないが（指標②）、なお業務指導に必要な範囲の指導であると認められる（指標②）として、適当と判断しています。

このように、裁判例は、こうした**「暴言」を切り取って単体で判断しているわけではなく、４つの指標を丁寧に当てはめて、結論としてパワハラではないと判断**しています。

ところで、この**「給料泥棒」という同じ単語に関しては、裁判例No.33では、パワハラと判断**されています。

この事例は、そもそも上司が高圧的な人間で、例えば、自分が勧めた新聞を部下にも購読させようとしたり、「俺の言うことを聞かないということは懲戒に値する」などと日ごろから言っていました。そして、この対象

46

| 第5章 | パワハラかどうかを明確に判断するための「4つの指標」 |

社員に対しても、「バカやろう」「給料泥棒」などと継続的に言い続け、ときに暴力を振るうなどもしており、さらには、「よくこんな奴と結婚したな、もの好きもいるもんだな」などと人格自体を攻撃するような言動を繰り返していました。

このような背景から、裁判所は、そもそもこうした発言が指導のために合理的になされたものではなく、恐怖心で部下を支配する目的のためになされたものであり（指標①）、その態度も執拗に繰り返し、ときには暴力も伴うものであって、指導の範囲を超えており（指標②）、一方で十分な指導や支援をすることはなく（指標③）、殊更屈辱感や恐怖心を与える形で行われており（指標④）、暴行などについては、「何ら正当な理由もないまま、その場の怒りにまかせて」なされたものにすぎない（指標④）と判断し、全体的に違法と判断をしています。

このように、**同じ「給料泥棒」という言葉であっても、4つの指標の事情を総合的に検討すれば、パワハラに該当するかどうかの結論が全く反対になる**のです。

したがって、パワハラかどうかを判断するに当たっては、この4つの指標を頭に置きつつ、1つ1つを切り離して検討するのではなく、最終的には、これら**4つの指標を統合して、たった1つの基準である「会社の経営目標達成のために合理的に関連することか」どうかを、判断することが必要**です。

この2つの事例を比べると、言葉としては「給料泥棒」という同じ単語が使われていますが、前者の裁判例No.67は、能力や勤務態度に問題のある対象社員を切り捨てることなく、しっかりとフォローしたり、その主張に真摯に付き合ったりしながら、人材としての活用を意図しており、その中で時折、少々行き過ぎた言葉が出てきてしまっているといえます。一方で、後者の裁判例No.33では、そうした配慮はなく、単に、上司が部下を自分の家来のように扱い、自分の言うことを聞かせようとし、自分の気に入らないことをすれば叱責し、人格攻撃をするという流れの中で出てきた

47

発言といえます。

　そもそも、上司の持つ権限の範囲に、こうした「部下を支配する」権限は含まれていません。この場合、上司の考え方やスタンス自体に、「会社の経営目標達成」という目的で、会社から預かった「業務と合理的関連性がある業務命令権を行使している」という発想がないのであって、根本が間違っているといえます。

5 ｜ 4つの指標の「総合的な判断」の具体例〜護衛艦さわぎり事件〜

　次に、この４つの指標の「総合的な判断」を理解するために、「護衛艦さわぎり事件」を取り上げてみましょう。詳細は、「事例編」に「事例４」として掲載してありますので、そちらを参照してください。

　この事件は、護衛艦に乗務していた海上自衛官が自殺した事件で、二人の上司からの「パワハラ」の有無が問題となりました。このうち、上司Ａの言動については不法行為に当たり違法とされ、上司Ｂの言動については、違法性はないとされました。

　それぞれの発言は、次のようなものであり、言葉尻だけを捉えると、どちらもそれほど違わないようにも見えます。

（上司Ａの言葉）

「バカかお前は。三曹失格だ」「仕事ができんくせに三曹とかいうな」

（上司Ｂの言葉）

「お前はとろくて仕事ができない。自分の顔に泥を塗るな」「ゲジゲジ」「百年の孤独要員」

　この事例では、まず指標①については、海上自衛隊という危険な任務の特殊性からも、ある程度厳しい指導をする必要があったものであり、ＡもＢも、厳しい指導の目的は正当であるとされています。しかし、指標②③

第5章 パワハラかどうかを明確に判断するための「4つの指標」

④については、以下のように判断が異なっています。

すなわち、上司Aについては、閉鎖的な航海中の護衛艦の中で、繰り返し「バカバカ」と言い続け、「三曹のくせにこんなこともできないのか」「バカかお前は、三曹失格だ」などと言い続けました。一方で仕事の出来が悪い対象者に対する丁寧な指導や教育などはしておらず、さらに、できないと分かっているのに、より階級が低い他の隊員たちの前であえて機械の組み立てなどをさせ、できないことに対して、前述のような言葉を発したというものでした。仕事ができない部下に対するアプローチは1つではありませんが、少なくとも、執拗に「バカバカ」と言い続けたり、他の部下の前で恥をかかせたからといって仕事ができるようになるはずはありませんから、指標②の合理的な必要性はないといえます。また、「やる気はあるのに、仕事ができない」というタイプの部下に対しては、単なる叱責だけでなく、仕事のやり方や勉強の仕方を指導するなど、本人にあった方法を考える必要がありますが、そういった工夫も特に行われていませんでした（指標③）。そして、「三曹失格」のように、具体的な業務上の注意や行動の指示ではなく、本人の能力そのものを誹謗するような発言を繰り返した上、さらに、最初からできないと分かっている作業を他の部下の前であえてやらせて辱めるなど、嘲笑やさらし者にする行為などを行っていました（指標④）。これらの点を総合的に検討した上、本裁判例では、上司Aの行為を不法行為と認定しています。

一方で、上司Bについては、不法行為ではないとされました。理由としては、上司Bは日ごろから好意を持って対象者に接しており、家族ぐるみの交際をしたり、異動に当たって目をかけたりしていた背景があり、その一連の行動の中での助言や激励をしていました（指標③）。そのような背景を踏まえると、上司Bの厳しい言葉も、執拗に繰り返されたものではなかったこともあり、叱咤激励の合理的な範囲であって（指標②）、多少の一見侮辱的な言葉も、人格攻撃を意図したものではなく、軽口として許容される範囲である（指標④）というものでした。

2人の上司の言動は、**言葉尻だけではあまり違いがないようにも見えますし、逆に言葉尻で判断しようとすると、「バカ」は違法だが、「ゲジゲジ」「とろくて仕事ができない」は適法**、というような、よく分からない話になってしまいます。

　そういった表面的な判断ではなく、あくまで、**4つの指標を総合的に考慮し、最終的には「たった1つの基準」、つまり本件でいえば、上司の指導が、対象者を仕事ができるようにし、自衛隊の任務遂行に資するようにするために合理的だったかどうか**、を判断しているのです。

　人前で辱めて、「バカバカ」と繰り返し言い続けることは、やはり合理的ではありません。そして、「バカ」という発言が繰り返し出てくるというのは、やはり、対象者に対する「怒り」「軽蔑」「蔑み」といった感情が根底にあって、それをぶつけているのだと考えられます。

　上司は、部下に対し、仕事をできるようにするために具体的な指導や注意、叱責、叱咤激励をする権限はありますが、バカにしたり、侮辱したり、負の感情をぶつけたりする権限は持っていないわけです。

6 │ 4つの指標から見えてくる、典型的なパワハラの姿

　すでにご説明したとおり、4つの指標も、結局のところ、上司が部下に対し、会社の経営目標達成のことを考え、そのために合理的に必要で役立つことをしているのかどうか、ということを判断しているにすぎません。
　したがって、**この4つの要素は、実は同じことを、切り口を変えて表現しているだけにすぎない**ともいえます。

　典型的なパワハラになるケースというのは、以下のようなものです。すなわち、上司が部下に対して、会社の経営目標の達成とは合理的に関係のない嫌がらせや、懲罰的な仕打ちをします（指標②）。それはなぜかとい

| 第5章 | パワハラかどうかを明確に判断するための「4つの指標」 |

うと、仕事ができない、又は自分の言うことを素直に聞かないその部下が嫌いで、その感情をぶつけてしまうことが目的となっているからです（指標①）。当然、嫌いなので、丁寧な指導などはしません（指標③）が、ミスをしたり、些細な問題点を見つけると、嫌悪感をぶつけ、徹底的に怒りますし、バカにしたり、さらし者にしたりして、「行為」ではなく「対象者そのもの」を責め続けます（指標④）。もちろん、怒った後のフォローなどはありません（指標③）。

こういったパターンが、もっとも典型的なパワハラです。具体的な発言形態や言葉尻はともかく、このような思考パターンに陥ってしまうと、必ずパワハラが発生してしまいます。

4つの指標を冷静に分析することによって、上司としても、知らず知らずのうちにパワハラに引きずり込まれてしまうことを回避することができるといえます。

パワハラと録音

　本書で取り上げた裁判例でも、詳細にどんな言葉が「パワハラ」なのかが認定されています。そういった裁判例の多くは、対象社員が上司とのやり取りを録音していたり、詳細なメモを残していたりしており、これを基に事実認定がなされています。

　悪質な事例では、部下が上司との会話を録音して記録化しつつ、あえて上司を挑発し、「暴言」などを引き出して、それを証拠に「パワハラだ」と裁判などで主張してくる場合もあります。上司としては、まさか部下が録音しているとは思いませんから、さしたる悪気もなく、挑発に乗ってつい一言口が滑ってしまった発言などが、裁判所に引き出され、「パワハラ」だと騒がれることになります。本当に、世知辛い世の中です。

　最近は、携帯電話などの録音機能も優れていますし、文字起こしまでしてくれますので、証拠としては申し分ありません。

　しかも、録音というのは、都合よく一部を切り取ることができるのでやっかいです。前後の文脈からは問題のない発言であっても、そこだけ切り取られると、「パワハラだ！」というように聞こえる発言というのは、結構あるものです。

　裁判所も、最近は、録音があるからといってすぐに言葉尻に飛びつくことはせず、きちんと前後の文脈や、日ごろの指導状況、その言動がなされた流れなど、解説編でご説明した４つの指標を総合的に考慮して、冷静に判断してくれる例も多いのが、救いではあります。例えば裁判例No.27、42などは、録音されており、挑発に乗って上司もあまり適切ではない発言をしてしまっていますが、それでも、４つの指標の各要素を総合的に考慮し、パワハラには該当しないと認定されています。しかし一方で、裁判例No.30のように、対象社員の挑発はあった

第5章　パワハラかどうかを明確に判断するための「4つの指標」

　とはいえ、やはり不適切な発言がパワハラになる（ただし、挑発等の経緯を考慮し、慰謝料額は減額）と判断された事例もあります。

　したがって、上司としては、昨今では、問題のある部下に対して厳しく指導するに際しては、常に録音されている可能性を意識しておく必要があります。

　なお、録音については、自分が当事者として行っている会話について、対話の相手方に無断で録音すること自体は、違法ではありません。これは、上司（会社）側にとっても同様ですので、必要に応じて録音や録画などの記録を残すことも、積極的に行ってよいと思います。

　むしろ、上司が自ら録音することによって、「後で聞かれても恥ずかしくない発言をしよう」というように、自制心が働くという側面もありますので、意外と効果はあるかもしれません。

　技術の進んだ現代においては、録音はされるものという前提で、自らの言動を律する必要があるといえます。

第 **6** 章

指標①
「適正な業務の遂行」を
目的としたものかどうか

　第5章でもご説明したとおり、パワハラかどうかを判断する4つの指標は、最終的には総合的に検討する必要があるのですが、まずは、1つ1つの指標について、もう少し掘り下げて見ていくことにしましょう。

パワハラかどうかを明確に判断するための「4つの指標」

☞ **指標①「適正な業務の遂行」を目的としたものかどうか**
　　〜負の感情の表現や、不当な目的の完遂などを目的としていないか〜

　指標② 内容や態様について「目的達成のための業務上の合理的な
　　　　必要性」があるといえるか
　指標③ 叱責だけでなく、成長をサポートする言動や体制があるか
　指標④ 人格攻撃や嘲笑になっていないか

　まずは、指標①の「適正な業務の遂行」を目的としたものかどうか、について、考えてみたいと思います。

　上司の部下に対する命令や指導は、あくまで、会社の経営目標達成のために行われるものであり、だからこそ、雇用契約に基づいて、部下はこれに従う義務があるのです。したがって、このような**「会社の経営目標達成」以外の目的でなされる命令や指導は、そもそも部下としても従う義務はありません**。

　例えば、内勤の事務仕事をしている職場において、上司が部下に対して、

第6章	指標① 「適正な業務の遂行」を目的としたものかどうか

「ひげが伸びていると、だらしなく見えるから、剃った方がいいよ」と言ったとしましょう。これは、一般的には業務命令にはなりにくいといえます。第3章で見てきたように、会社の業務の円滑・適正な遂行にも、会社や業務に対する信頼の維持・獲得にも、合理的に関連しないと考えられるからです。したがって、この場合の「ひげを剃った方がいい」というのは、単なるアドバイスであり、部下はこれに従う義務はありません。そして、従う義務がない以上、これを無視したからといって、この部下に対し、ネガティブな評価をしたり、その他何らかの方法でひげを剃ることを「事実上強制」することもできません。

　もちろん、このように、業務命令ではないことについても、社会人としての先輩として、上司が部下に対し、「アドバイス」することは、直ちに違法ではありません。したがって、この場合も、「ひげを剃った方がいい」とアドバイスすることは可能です。しかし、それに**従わないときに、上司が不機嫌になって職場環境を悪化させたり、マイナス評価をしたり、何度も言い続けるなどして「断れない雰囲気」を醸し出し、事実上それに従わざるを得ないようにするといった言動があった場合は、パワハラに該当する可能性が出てきます。**

　したがって、**上司は部下に何らかの権限を行使しようとする場合、まずは、「業務命令」として、適切に命令や指導をしてよい対象や目的に対するものかを、確認する必要があります。**

　通常の業務上の指示については、普通はこのような「会社の経営目標の達成」に結びつくものといえますので、あまり心配する必要はないでしょう。しかし、本来個人的な趣味嗜好に属するようなものであったり、あるいは、叱責や厳しい指導などを行ったり、ついつい「感情」が入りがちな場合には、いったん立ち止まって、この点を確認してみることが必要です。

　このように、「目的」が適正かどうかが問題となる類型を、いくつか、例を挙げて見てみることにしましょう。

55

【例1：厳しい叱責】

　単純なミスをして、会社や取引先に迷惑をかけたり、安全を阻害したりする場合には、厳しく注意することが必要な場面も出てくることが考えられます。しかし、このような場合にも、**「そのミスの重大性を認識させ、再発防止を図る」といった目的ではなく、いつのまにか、上司が「ついカッとなってその怒りをぶつけようとしている」のではないか、「嫌悪」や「蔑み」などの感情をぶつけて、上司の負の感情の解消を図る目的になっていないか、ということはしっかり考えておく必要があります**（「厳しい指導」については、さらに第11章で詳しく解説しています）。

　裁判例No.5では、ミスや問題行動のある社員に対して、その都度始末書や反省文などを徴求して自覚を促した行為は適法とされましたが、それまで問題としたこともなかった些細な有給休暇を取る際の電話のかけ方の違いについて、本人も指摘されてすぐに改めているにもかかわらず、その後も執拗に反省文を要求したことなどについて、これらはこの上司の「いらだちによるもの」であって「感情に走りすぎたきらいがある」として、違法とされました。

　このように、**本人の自覚を促すために厳しく叱責する場合であっても、そこに「自分の感情のはけ口」という目的がいつの間にか混在していないか、注意する必要があります。**

　この点、第5章でも紹介した裁判例No.67も、上司はついその場の流れで「子供や高校生の姉ちゃんでもできる仕事しかしていない」「給料泥棒」などの不適切な発言をしてしまっています。しかし、これらは、その場で突発的に、対象社員の言動を受けてなされたものであって、あくまで目的は、対象社員に指導を行うことを目的としていました。それに対して、この裁判例No.5は、些細な点を執拗に追及し続け、数日間にわたって反省文を要求し続けた点が、すでに「指導のために反省文を提出させる」という目的ではなく、「いらだちの感情により、その感情を表現する手段として反省文を提出させる」という目的に変化してしまっていることを、問題にされたといえます。

56

第6章　指標①
「適正な業務の遂行」を目的としたものかどうか

【例2：退職勧奨】

　様々な理由から、従業員に対して退職を勧めることは、人員配置の適正化や対象者のキャリア構築等の観点から、あり得ることですし、そのような**退職勧奨自体には、何ら違法性はありません**（「退職勧奨」については、さらに第14章で詳しく解説しています）。

　しかし、退職勧奨は、あくまで**「本人の自由意思による任意の退職」を勧めるもの**ですので、それを超えて、**事実上の強制**になるような場合には、本来義務のないことをやらせるために、対象者に精神的・肉体的苦痛を与えたり、職場環境を悪化させたりすることになり、不当な目的となって、**違法とされやすい**といえます。

　「事例編」の「事例12」に掲載している東武バス日光事件では、乗客に対して「殺すぞ」などの暴言を吐くなどした勤務態度の悪い運転士に対して、度重なる研修をしたにもかかわらず十分な改善が認められなかった事案ですが、これに対して、「向いてねえよ」「クソ生意気なことこきやがって」「もう客商売よしたほうがいいよ」などの上司の発言は、対象者自身の問題行動の深刻さや、研修によっても改善せずさらなる問題行動が懸念されたことなどの事情を踏まえ、その幹部職員や人事担当役員が協議した上で、辞職（自主退職）を求めたものであるから、その目的は正当であり、違法性はないと判断されました。しかし、本人が明確に自主退職を拒否しているにもかかわらず、合計約2時間にわたって、会議室などで「男ならけじめをつけろ」「他の会社に行け」「退職願を書け」などと述べて、繰り返し強く自主退職を迫った点は、違法であるとされました。

　義務のないことを強制する、という目的が、そもそも違法とされたといえます。

【例3：会社内の対立】

　会社内での人間関係や、派閥争いなどの結果、「干される」ということ

が、しばしば実際の企業の中ではみられるところです。しかし、このような行為は、貴重な人的資源を浪費するという意味で、「会社の経営目標達成」のためにはマイナスでしかありません。また、対象者としても、自らは個人的には何らの落ち度もないのに、そのような不利益を受けるいわれはありません。

　したがって、このような**会社内での人間関係や派閥争いなどの結果、特定の人間に、業務上の合理性がない命令をするということは、「会社の経営目標達成」とは関係のない不当な目的のためになされるものであり、パワハラになりやすい**といえます。

　裁判例No.15では、社内の経費の私的使用に関する不正を調査しようとした経理部長（男性）とその部下（女性）に対して、役員を含む主流派の社員が反発し、経理部長を解雇した上で、残った部下に対する嫌がらせを組織的に行ったというものです。その内容も、経理部長と対象となった部下が男女関係にあるという噂を広めたり、到底1人で対応できない量の仕事を担当させながら、他の社員は比較的余裕があるにもかかわらず、人員の補充などを行わなかったり、その後は一転して具体的な仕事のない内勤に回した上で、約2か月放置をし、担当業務を記載するホワイトボードにも「永久に欠勤」と記載したり、名前そのものを消したりした、という事案です。

　このような一連の嫌がらせは、もちろん、「会社の経営目標を達成する」という目的とは何の関係もないばかりか、貴重な人的戦力を無駄にするものです。これらの一連の行為は、結局のところ、経理処理を適正化しようという正しい行動をしたことに対して、「煙たいことを言う社員を黙らせる」目的でなされたものであり、好き嫌いを背景にした単なる嫌がらせ目的の行為であって、到底、適正な業務遂行を目的としたものとはいえません。

| 第6章 | 指標①
「適正な業務の遂行」を目的としたものかどうか |

【例4：通報等に対する意趣返し】

　社内の不祥事や問題があると思われる処理などについて、公益通報制度を利用したり、コンプライアンス相談窓口に相談したり、場合によっては外部の機関に相談したりすることがあります。これらの行為は、会社の業務遂行の適正を担保し、コンプライアンス体制を維持するという意味では、正当な行為です。それにもかかわらず、そのようなことをする**「煙たい社員」に対して、意趣返しをする目的で、何らかの不利益を課したり、精神的・身体的苦痛を与えたり、職場環境を悪化させるような行為をする場合は、パワハラに該当する可能性が高くなります。**

　裁判例No.36では、営業成績は比較的良好だが正義感が強く硬直的な考えを持っている社員が、自社の事業部門が取引先企業からの中途入社を立て続けに受け入れることを企画していることを知り、コンプライアンス相談窓口に、取引先からの人員の引き抜きや、これに伴う情報漏洩などについての問題を提起したところ、配置転換などの命令を受けたというものです。配置転換においては、担当業務変更により即日、取引先との接触を一切禁止され、さらに最終的には、50才を超えている対象社員に対し、それまで全く経験したことのない別部署へ異動が命じられました。

　本来、配置転換は会社の裁量で行うことができるものですが、**あくまで「会社の経営目標達成のため」に行うのが前提**です。本件においては、裁判所は、「本件内部通報が対象社員の立場上やむを得ずされた正当なものであったにもかかわらず、これを問題視し、業務上の必要性とは無関係に、主として個人的な感懐に基づき、いわば制裁的に配転命令をしたもの」であるとして、違法と判断しました。

　また、裁判例No.18では、社内の違法行為を新聞社に告発したことに対する意趣返しとして、20年以上の長期にわたり、雑用等をさせた行為が、パワハラと認定されています。

【例5：からかい】

　会社といっても、人間の集まりである以上、多少のジョークやユーモアは必要です。しかし、特定の個人に対する「からかい」になってしまい、それによって対象社員が精神的・身体的な苦痛を受けたり、職場環境が悪化するようなことになれば、パワハラとなり得ます。**特定の個人をからかって不快な思いをさせ、生産性を下げることは、何ら「会社の経営目標達成」を目的としたものとはいえない**からです。

　裁判例No.83は、店舗で勤務する同僚の女性社員数名が、からかい半分で、特定の社員に対して「仕事した？」「仕事したの？」としつこく聞き、「いっぱいしたから、止めて」「それを言うの止めて、本当に嫌だから」などと嫌がる対象社員の反応を見て面白がり、他の社員にも、「○○さんに『仕事した？』と聞いたら面白いよ」などとけしかけて、複数名で繰り返し「仕事した？」と聞いたというものです。

　言葉尻自体は、「仕事した？」というものにすぎませんが、裁判所は、「対象社員の拒絶反応等を見て面白がる目的で『仕事したの』と言っていることが認められる」「したがって、この行為は嫌がらせ行為であり、不法行為に該当する」と結論づけています。

　相手の嫌がることを言って、その反応を見て楽しむというのは、「会社の経営目標達成」の目的とは全く関係がないことは明らかであり、個人的な「からかい」などの感情の放言でしかありません。したがって、このような目的で「仕事した？」と繰り返し執拗に聞く権限は上司や先輩にはなく、そのようなことを繰り返して対象社員に精神的苦痛を与えたり、職場環境を悪化させる行為は、パワハラになるのは明らかでしょう。

　相手が嫌がるような「からかい」や悪ノリは、上司の権限の範囲外ですし、対等な大人同士が仕事をする職場に持ち込むべきものでもありません。

第 6 章

指標①
「適正な業務の遂行」を目的としたものかどうか

第 **7** 章

指標②
内容や態様について
「目的達成のための業務上の
合理的な必要性」があるといえるか

　次に、指標②の、内容や態様について「目的達成のための業務上の合理的な必要性」があるといえるか、について、考えてみたいと思います。

パワハラかどうかを明確に判断するための「4つの指標」

指標①「適正な業務の遂行」を目的としたものかどうか
　　　〜負の感情の表現や、不当な目的の完遂などを目的としていないか〜

☞ **指標② 内容や態様について「目的達成のための業務上の合理的な必要性」があるといえるか**

指標③ 叱責だけでなく、成長をサポートする言動や体制があるか

指標④ 人格攻撃や嘲笑になっていないか

　指標①の「目的」が正当であっても、内容や態様が、その目的達成のために「合理的に必要な範囲」でなければ、やはりパワハラとなりやすいといえます。

　例えば、「ミスの重大性を自覚し、再発防止に向けて、自己の責任を深く自覚させる」という目的が正当だとして（指標①）、そのための手段として、「正座を5時間させる」というのはどうでしょうか？

　確かに、足が痛いですし、5時間も動かないのは大きな苦痛です。したがって、「こんなにつらい思いをするなら、以後は気をつけよう」と自覚させるよい機会になるかもしれません。

　しかし、もう一度、上司の持つ業務命令権の本質に遡ってみましょう。

62

第7章	指標② 内容や態様について「目的達成のための業務上の合理的な必要性」があるといえるか

　上司の持つ業務命令権は、会社がその業務を円滑・適正に遂行するために与えられているものです。したがって、その**業務命令の内容も、「具体的な仕事の仕方」や「守るべきルール、手順」に向けられるものであって、「痛い目にあわせる」「罰を与える」という権限は含まれていません。**

　「罰」については、会社は、法律上許された懲戒権を、所定の手順に従って行使することが許されているにすぎず、それ以上に、**苦痛を与えることによって行動を是正するという権限は、もともと会社、つまり上司にはない**わけです。

　それに、「痛い思いをするのが嫌だから気をつけよう」というのでは、何の成長もありませんし、そもそも、対等な大人同士の関係において、正しいアプローチとも思えません。

　したがって、暴力を使ったり、痛みや苦痛を与えることそのものを目的とした指導をすることは、その内容、態様において、「合理的な必要性」を欠くものとなります。

　裁判例でも、暴力を振るった場合は、やはり原則としてパワハラになると認定される場合が多いといえます（裁判例No.51、52など）。

　以下、具体的に、指標②の「内容や態様について『目的達成のための業務上の合理的な必要性』があるといえるか」が問題になる類型を、いくつか、例を挙げて見てみることにしましょう。

【例1：望まない業務の遂行命令】

　ミスや問題行動などがあったときに、それらを是正するために、特別な業務を担当させることがあります。研修を実施する、基礎的な作業からもう一度やってもらう、第一線の担当を一定期間外すなど、様々な類型が考えられます。

　このような類型の業務命令も、**目的との関係で合理性があれば、原則として適法**であり、パワハラにはなりません。

　この場合の「目的」とは、第1には、対象社員の能力や意識を向上させ、

63

ミスを防ぐ、業務効率を向上させ、生産性を高めることです。もっとも、どうしても能力や意識が向上せず、改善が見られない場合は、内部の担当業務の見直しなどを行い、会社やチームの人的資源を最適化し、業務の質を落とさず生産性を向上させることを目的とすることもあり得ます。

例えば、ミスを起こした対象社員に対しては、ミスの原因と自分の責任を自覚し、再発を防止するための教育や研修、訓練などを受けさせることになります。しかし、それが奏功せず、どうしても十分なレベルに達しない場合は、異動などにより比較的単純でミスが起きにくい業務を担当させるなどする場合も考えられます。これにより、会社やチームの人員配置が最適化され、その生産性や業務レベルが維持されれば、目的は達成されたことになります。

このように、**適正な業務の遂行という目的を達成するために、何が適切かを、理性的に考えて、合理的に判断をする限り、パワハラになる可能性は極めて低い**といってよいでしょう。

逆に、目的は正当でも、**懲罰として「懲らしめる」という発想や、「嫌悪」「蔑み」「怒り」などのネガティブな感情が入ってくると、目的達成と合理的に関連しない内容や態様の「命令」や「指導」、「叱責」などがなされる**ことになります。そうなると、**パワハラになる可能性が高くなってしまいます。**

裁判例No.6は、労働組合活動として、服務規律に違反して組合員バッジを着用して業務を行い、バッジ離脱命令に違反して、なおバッジを着用したまま自動車部の業務を行おうとした職員に対し、7月〜8月の炎天下に、10日間、火山灰の除去作業を行わせた行為が、問題視されました。

この裁判では、控訴審はこの業務命令は違法としましたが、最高裁はこれを覆し、業務命令として有効であり、何ら違法性はないと結論づけました。その理由としては、(1)通常の職務遂行時にも組合員バッジを外さなかったことから、職場規律維持上より支障の少ない業務に変更する必要性があった（指標①）のであり、また、(2)火山灰除去作業自体は、鹿児島

第7章	指標② 内容や態様について「目的達成のための業務上の合理的な必要性」があるといえるか

営業所の職場環境を整備して、労務の円滑化、効率化を図るために必要な作業であり、その作業内容も、社会通念上相当な程度を超える過酷な業務に当たるものともいえず、このような業務も本来の労働契約上の業務の範囲内に含まれるものである（指標②）と判示しました。

　これは、**いずれにせよ誰かがやらなければならない業務について、職場規律維持上支障が少ない、つまり人前に出ず、人とも接しない業務をさせる必要があった対象社員に分担させることは、会社の経営目標である安全な事業所運営や職場規律維持のために合理性がある**とされたものです。

　一方、似たような事例ですが、裁判例No.10は、労働組合の記章があるベルトを着用して勤務を行った社員に対して、服務規律を徹底するための教育訓練として、丸1日、終日にわたって就業規則全文の書き写しを命じ、衆人の前で行わせた行為につき、かかる業務命令の効力が争われた事例です。

　判決においては、「就業規則は、労使関係を規律する重要な規範であるから、会社が社員にその周知、徹底を図ろうとすることはそのこと自体直ちに違法といえない」とし、また、いつ、如何なる内容の教育訓練を行なうかは原則として会社の裁量にゆだねられているので、**管理職社員が、部下に対して、就業規則の周知・徹底のため教育訓練を命ずることも違法ではない**としました（指標①）。

　しかし、そのように就業規則の周知・徹底という目的は正当であるものの、そのための手段として、就業規則全文を丸1日書き写させることは、手段として合理性がなく、服装規程違反に対して就業規則全文を書き写させる必要性に乏しいこと、周知のために機械的に1日中書き写させることにどれだけの教育効果があるか不明であること、他の社員が出入りする事務室内で長時間にわたり行われたことなどを考慮すると、合理性はなく、**「故なく肉体的、精神的苦痛を与えてその人格権を侵害するものである」**として、**態様や内容に合理性がないと判断**しました（指標②）。さらに、判決は、そのような「就業規則の周知・徹底」のために合理的に役に立た

65

ない上に、対象社員に精神的・身体的苦痛を与えるこの教育訓練自体が、「むしろ、**見せしめを兼ねた懲罰的目的**からなされたものと推認せざるを得」ないとして、**目的そのものも不当**である（指標①）と結論づけました。

　裁判例No.6と裁判例No.10の違いは、前者が、本来誰かがやらなければならない火山灰除去作業を、その業務も対象業務に含んでいる対象職員にやらせたものであり、かつ、バッジを外さずに業務を続けていたことから、そうした人目に触れない業務を担当させることによって、部署全体の服務規律の悪化を防ぐ必要性があったという点です。一方、後者は、そもそも誰もやる必要がなく、また、特に教育的効果があるとも思えない「就業規則全文」の書き写しを、終日、衆人の面前で行わせたというわけですから、**本人の成長や教育、又は、職場の規律維持などの「会社の経営目標の達成」のために合理的に関係がないのに、単に精神的・身体的苦痛を与えるためになされている**と評価できるものであり、合理性がないとの判断となりました。

　このあたりも、**個々の行為に着目するのではなく、全体として、どういう目的で、どういう効果を見込んで、その業務を行わせたのかという本質に遡って考えると、理解できる**事例といえます。

　また、本人の意に反する厳しい研修が適法とされた事例として、「事例編」の「事例12」があります。
　この裁判例は、乗客に対して「殺すぞ」などと不適切な暴言を吐いたり、接客態度が悪く、さらに指導しても改善が見られない運転士に対して、乗務から完全に外し、運転士服務心得の部分的な閲読・筆写をさせ、過去の苦情案件についてのドライブレコーダーの視聴、自分の苦情案件についての原因分析などを行わせました。さらに、会社は、このような研修を繰り返し行い、その期間は３週間以上となりました。
　これらについては、裁判所は、「苦情案件について反省を深めさせて再

発防止を図るため、直ちに乗務に復帰させるのでなく、一定期間乗務をさせないで教育指導を実施することは、業務上の必要に基づく指示命令として、適法に行い得る」として、このような教育指導の目的を正当なものと判断しました（指標①）。その上で、研修の内容や態様も「教育指導の目的の範囲から逸脱するものであるとはいえない」とし、さらに長期にわたった点についても、教育カリキュラム実施中の対象社員の態度が悪く、改善意欲が十分でないと判断されていたことに加え、対象社員自身がこうした研修に反発心を抱いており、反省文の内容なども簡単なものにとどまっていて、内省の深まりに疑念を生ずべき状況であったことを考えると、「必要性を欠くものであったとは認められない」と判断して、内容や態様についても合理的であると判断しました（指標②）。

　このように、**教育や研修、指導と、それに付随して発生する通常業務からの隔離も、目的が正当であり、その目的達成のために合理性があるのであれば、仮にそれによって対象社員が精神的・身体的苦痛を感じる面があったとしても、なお違法性はない**と判断されているわけです。

【例2：叱責や指導】

　ミスや業務命令不遵守などの問題行動があった場合に、叱責や厳しい指導を行うことがあります。こうした場合も、あくまで**「懲罰」ではなく、「本人の矯正や教育」あるいは「業務分担等の見直しによる職場の秩序や生産性の維持」といった「会社の経営目標達成」のための合理的な目的を達成するために、行われる必要**があります。

　そして、特にこの類型では、**上司の感情が入ってしまい、態様や内容の面で、目的と合理的に関連しないものが紛れ込んでしまわないように注意が必要**です。

　「事例編」の「事例2」では、正社員であり課長代理の職にあった対象社員の業務成績が非常に悪く、また、必要な報告もせず、有給休暇取得時

のルールも守らないなど、問題行動が見られたため、上司が、次のような内容のメールを、十数名のユニット全員に、赤文字で大きなポイントの字で記載して送信したという事案です。

✉ メールの内容

1. 意欲がない、やる気がないなら、会社を辞めるべきだと思います。当SCにとっても、会社にとっても損失そのものです。あなたの給料で業務職が何人雇えると思いますか。あなたの仕事なら業務職でも数倍の業績を挙げますよ。本日現在、搭傷10件処理。Cさんは17件。業務審査といい、これ以上、当SCに迷惑をかけないでください。

2. 未だに始末書と「〜〜病院」出向の報告（私病？調査？）がありませんが、業務命令を無視したり、業務時間中に勝手に業務から離れるとどういうことになるか承知していますね。

3. 本日、半休を取ることをなぜユニット全員に事前に伝えないのですか。必ず伝えるように言ったはずです。我々の仕事は、チームで回っているんですよ。

　これらのメールについて、裁判所は、結論として違法と判断しました。

　判決文の中で、裁判所は、「その地位に見合った処理件数に到達するよう叱咤督促する趣旨であり、その目的は正当」と判断しています（指標①）。しかし、その手段として、内容は正しいとしても、その表現方法が、指導・叱咤激励の表現として許容される限度を逸脱した（指標②）と結論づけました。

　この場合、メールの内容が殊更合理性がなかったというよりも、こうしたメールをユニット全員に、しかも赤文字の大きなポイントで送信することが、「叱咤督促」という正当な目的を達成する手段として、合理的に結びつくかという点が問題にされたといえます。叱咤督促であれば、個別のメールを送れば済むわけですから、あえてこうしたメールの送り方をしたというのは、ユニット全員の前でさらし者にするといった意図が含まれて

第7章	指標②
	内容や態様について「目的達成のための業務上の合理的な必要性」があるといえるか

いたとも思われますし、赤文字の大きなポイントというのは、「怒り」などの感情の表現であるともいえます（指標②）。

　叱咤激励については、裁判例No.86も判断をしています。

　この事例では、「○○社との取引を止めるくらいの覚悟で交渉して来い」「お前たち、来期はないぞ」「（平成31年３月までに）死ぬ気でやれ」「もしそれまでに（改善の）目途がつかなかったら辞めてもらうぞ」「退職金も出ないぞ」といった発言が問題とされました。

　裁判所は、これらの発言の目的は「経営状況を改善するために強い気概を持って交渉に臨むべきである旨を示し」たものであって、その目的は正当であり（指標①）、また、その内容についても、会社の業績が悪化しており、業務指導ないし叱咤激励を必要とする状況においてなされたものであることを考えると、業務上の必要性を超えて対象社員の人格を否定するものとまでいうことはできない（指標②）と判断しました。

　一方で、目的達成のために合理的な態様であれば、ある程度の強い対応も、必ずしもパワハラになるわけではありません。

　例えば、裁判例No.46では、不適切な行為をして処分を受けるに当たり、処分の告知から逃げ続ける職員に対して、腕をつかんで制止した行為について、本人の希望で医師を同席させたり、本人が嫌がった場合には中止したりして、強制とならないように配慮していた点を考慮して、パワハラには当たらないと判断しています。

　このように、叱責や指導については、**何のために行うのかという「目的」**と、その**「目的」達成のために理性的かつ合理的に態様や内容が設定されているか**を、一度振り返って検討するとよいでしょう。裁判例上、叱責や指導が違法とされるのは、「怒り」「蔑み」といった**感情がいつの間にか入り込み、目的が曖昧になって「怒る」「罰を与える」ことが目的となってしまったり、本来の正しい目的達成のためにはあまり役に立たない「懲罰」を加えてしまったり、という場合**が多いといえます。

第 **8** 章

指標③
叱責だけでなく、成長をサポートする言動や体制があるか

　指標①と②に続けて、指標③「叱責だけでなく、成長をサポートする言動や体制があるか」について、考えてみましょう。

パワハラかどうかを明確に判断するための「4つの指標」

　指標①「適正な業務の遂行」を目的としたものかどうか
　　～負の感情の表現や、不当な目的の完遂などを目的としていないか～
　指標② 内容や態様について「目的達成のための業務上の合理的な必要性」があるといえるか
☞ **指標③ 叱責だけでなく、成長をサポートする言動や体制があるか**
　指標④ 人格攻撃や嘲笑になっていないか

　上司が部下に対して持っている権限は、**「会社の経営目標達成」**のために与えられているわけですから、**部下を育成し、成長させ、改めるべき点は改めさせ、伸ばすべきは伸ばすということが、上司の役割の1つである**ることは、いうまでもありません。

　また、部下にも個性があり、向き不向きもありますので、適材適所を心がけるとともに、もし能力が低い部下がいれば、引き続き成長に向けた指導はしつつも、チームとしてのパフォーマンスが出せるように、**チーム内での仕事の担当を振り分けたり、サポート体制やチェック体制を整備した**

第8章	指標③ 叱責だけでなく、成長をサポートする言動や体制があるか

りして、能力が低い社員がすぐに育たなくても、チームとしてのパフォーマンスが最大化できるように人員配置を行うのも、上司の仕事です。

　しかし、パワハラと認定された多くの例を見ていると、上司が部下を育成することを放棄し、コミュニケーションを取らず、チームにも取り込まず、放置する一方で、間違ったことをした場合は、烈火のごとく怒ったり、仲間外れにしてしまうといった対応が散見されます。誰しも優秀な部下はほしいですが、様々な能力や個性の部下を上手く指導し、チームワークを引き出し、結果としてチームのパフォーマンスを最大化するのが、上司の務めでもあります。

　野球やサッカーの監督が、「優秀な選手が来ないかな」と待っているだけでは、上司としての仕事をしたことになりません。現有戦力をどう生かして、パフォーマンスを最大化し、良い成績を上げるのか、が問われているといえます。

　そうすると、**この指標③は、上司がきちんと仕事をしているかということそのもの**でもあります。この指標③を欠くという場合は、そもそも上司としての能力に疑問符がつくかもしれません。

　厳しい叱責や指導など、対象社員に精神的・身体的苦痛を生ずる対応が問題となったときに、全体として**指導や育成の一環として行われているのか、それとも、嫌悪感などの感情の要素が中心となってしまっているかは、この指標③によくあらわれる**ともいえます。

　裁判例上も、一見厳しい指導や叱責があったとしても、人材育成や活用の文脈でそれが行われたというのであれば、合理性はあるとされる場合が多いところです。

　「事例編」の「事例1」では、路線バスを運転中に駐車中の乗用車にバスを接触させ、それに気づかず現場を立ち去った運転士に対して、通常は

71

10日程度で終了する添乗指導を25出勤日にわたって行い、その内容も、新人に行うような運転技術とは関係のない指差呼称や接遇が中心であったものについて、適法とされました。裁判所は、これら研修について、走行時左寄りの傾向があるなどの運転技術上の問題の矯正を目的として命じたものであるから、目的は正当であり（指標①）、熟練運転士の同乗指導と具体的な問題点の指摘を行う方法は合理的である（指標②）上、長期間に及んだ理由も、添乗指導によって新たに発見された接遇、指差呼称の面についての問題を矯正するためであって、殊更「見せしめ」や「屈辱を与える」目的は認められない（指標④）と判断しました。そして、指標③についても、「長期間にわたる熟練班長運転士による指導が行われ、その結果、対象社員の左寄り傾向が改善されるなどしており、運転技量が向上している」として、肯定しています。

　このような判断を見ても、**本人の能力・技術の向上を目的として合理的に行われるものであれば、仮にそれが長期間に及んだり、本人の精神的な負担を伴うものであっても、パワハラには当たらない**といえます。

　「事例編」の「事例8」は、縁故採用であるものの、勤務態度が悪く問題行動が多く、業務上のミスも多発し、同僚からの信頼も全くない対象社員に対して、上司である常務取締役から、「ほんとにいらねえよ。何でお前、パートさんの年収の3倍ももらってやってんのにそんな程度なの？」「お前はもういる場所ないんだ」などの発言がなされたものの、これらの発言はパワハラではないとされました。

　裁判所は、その理由中で、会社が問題行動を抱える対象社員に対して、長期間にわたり指導や支援を行い、改善を促してきており、直近においても期間を区切り、具体的な改善事項を示して改善を支援するなどしてきたことを挙げています。それにもかかわらず対象社員が一向に勤務態度を改めようとしなかったため、このままでは会社にいられないことを伝え、発奮を促すためになされた発言であるとして、パワハラには該当しないとの結論を導きました。

第8章	指標③ 叱責だけでなく、成長をサポートする言動や体制があるか

この事例からも、**まずは十分な指導をし、改善を促すというステップが重要**であることが分かります。

一方で、裁判例No.15では、会社の主流派から疎まれていた対象社員に、到底1人ではこなせないような業務を担当させ、他の社員は時間的な余裕があったにもかかわらず応援や支援は一切行わなかった点が、パワハラと認定されています。

また、裁判例No.23では、上司から厳しくノルマ達成をいわれるのみで、何らの支援やフォローも受けられなかった対象社員が自殺した事案で、上司は何らの支援もしないばかりか、多数が参加する会社の懇親会で対象社員を揶揄するような発言をするなどした点につき、違法性が認定されました。

裁判例No.26においても、入社したばかりの対象社員に対し、過大な業務を担当させただけでなく、やり方の指導や支援を行わず、長時間勤務を放置し、他の社員に時間的余裕があったにもかかわらず何らのフォローも行わせず、むしろ勤務時間中にパソコンのゲームを行う者もいた状況で、さらに対象社員に深夜の先輩社員の送迎や、飲み会への参加をさせたという事案で、このような一連の行為が違法と判断されました。

裁判例No.61では、業務上の必要性がないのに、1人だけ別室に隔離したり、何らのサポートもないまま1日100件の新規開拓訪問営業のノルマを課す一方で、本人の営業活動により取引を希望した者の口座開設を拒否したりしたことが、パワハラとされました。

支援もなく、逆に業務を邪魔するような行為は、正当な業務命令や指導とは到底いえません。

裁判例No.73でも、業務上の指導をほとんど行わず、仕事ぶりに大きな問題はなかった対象社員を、ほぼ毎日のように怒鳴ったり叱責した行為の

違法性が認定されています。

　仕事である以上は、精神的・身体的にきついこともあると思いますし、それそのものが直ちにパワハラになるわけではありません。しかし、**上司として、現実的に可能な範囲での人員適正配置や、支援、フォロー、指導などを行うことは必須の業務**であるといえます。これを怠って放置し、特定の社員のみに過度な負担が集中する状況をそのままにし、過度な精神的・身体的負担をかけ続けることは、パワハラと認定される要素の1つとなり得ます。

第 8 章

指標③
叱責だけでなく、成長をサポートする言動や体制があるか

ハラスメントの自覚のない管理職を
どう啓発するか

　私たちが、「人事労務バックアップサービス」「社外通報窓口」などを提供している企業様や顧問先企業様から受けるご相談で多い類型の1つに、「パワハラが問題視されている管理職（役員）がいるのですが、ハラスメント研修などを行っても、本人は自分がパワハラをしているという自覚がないので、『他人事』として聞いており、全く効果がない」というものがあります。

　パワハラ気質の管理職というのは、今でもかなりの数存在していると思いますし、昨日まで「部下」だった社員が、管理職になると、急にパワハラ体質になってしまうことも。そして、これらの方については、自分がパワハラをしているという自覚がなく、パワハラ研修をしても、「いやー、パワハラはよくないよね。こういう人がいるんだねー。だめだよね」と言っているのですが、まさか自分がパワハラをしているとは、露も思っていないため、結果として言動が全く改まらないというものです。

　こういった場合、私は、匿名でよいので、パワハラに関するアンケートを取ってみるようにお勧めすることがあります。その結果、「〇〇課長のこういう言動は、パワハラではないかと思う」といった回答が上がってくるでしょうから、それを基に、「どう思いますか？」と聞いて、一緒に考えてみることができます。その中で、「パワハラとは何か」や、「パワハラはなぜいけないのか」といったことを学習してもらうきっかけになるからです。

　もちろん、本人はパワハラの自覚がなく、会社のために部下を育成・

第8章 指標③:叱責だけでなく、成長をサポートする言動や体制があるか

指導していると思っていますので、頭ごなしに否定したり、処分をしたりすることは、逆にその上司本人のやる気をそぐことになってしまい、適切ではありません。

むしろ、これを良い機会とし、パワハラとは何かを勉強してもらって、自分の行為にも問題があるということを、自発的に気づいてもらうように持って行くことが重要です。

それ以外には、例えば会社の社内研修などでパワハラを取り上げるだけでなく、グループワーク付きの研修などに積極的に本人を参加させ、理解を深めてもらうのもよいと思います。私が企業様の社内研修をお受けするときは、事前にそういったオーダーも頂いておき、具体例をなるべく対象者の日ごろの問題行動に近いものにした上で、グループワークでもその方に積極的に考えて頂くように誘導することもあります。

パワハラをしている、といわれる方の中には、成績優秀な方も多く、逆に、自分ができる分、できない部下に対して、「何でこんなこともできないんだ！」とイライラしてしまうのかもしれません。

そういった方は、プライドが高いので、それを尊重しつつ、「自分で自発的に」気づいてもらうというように自然に持って行くことが重要です。

77

第 **9** 章

指標④
人格攻撃や嘲笑に
なっていないか

　最後に、指標④「人格攻撃や嘲笑になっていないか」について考えてみましょう。

パワハラかどうかを明確に判断するための「4つの指標」

指標①「適正な業務の遂行」を目的としたものかどうか
　　　〜負の感情の表現や、不当な目的の完遂などを目的としていないか〜
指標② 内容や態様について「目的達成のための業務上の合理的な必要性」があるといえるか
指標③ 叱責だけでなく、成長をサポートする言動や体制があるか
☞ 指標④ 人格攻撃や嘲笑になっていないか

　人格攻撃を行うことはパワハラになり得るものであり、避けるべきであるというのは、皆さんも共通認識ではないでしょうか。厚生労働省の指針にも、「人格を否定する言動」は「精神的な攻撃」に該当するとされています。
　また、判例上もこうした「人格攻撃」や「人格否定」は、パワハラを肯定する方向で考慮されており、例えば「事例編」の「事例4」においても、上司Aの言動について、**「同人の人格自体を非難、否定する意味内容の言動**であったとともに、同人に対し、階級に関する心理的負荷を与え、下級の者や後輩に対する劣等感を不必要に刺激する内容」であったことを理由に違法であると認定しています。

78

第9章	指標④ 人格攻撃や嘲笑になっていないか

　ところで、ここでいう「人格攻撃」とは、いったいどういうものをいうのでしょうか?

　実は、この点があまり明確になっていない場合が多く、多くの人は「人格攻撃」はいけないと思っているにもかかわらず、**何が「人格攻撃」なのかが分からないため、ついつい「人格攻撃」をしてしまう**、という事態が起きてしまっています。

　「人格攻撃」は、個々の行為に対する注意や是正要求ではなく、その「対象者そのもの」の人柄や能力、性格などを非難することです。

　例えば、「今回提出した報告書の原因欄が記載されていませんが、これはなぜですか?提出前に確認はしましたか?」「今後は、書類を提出する前に、必ず全ての項目が記載されているかを指差し確認し、チェックするようにしてください」といった、**具体的な行為を問題にし、その問題を解決するための「具体的な対策」を考え、指示するような場合には、人格攻撃にはなりません。**

　一方で、こういった表現はどうでしょうか?
　「なぜ、同じミスばかり繰り返すんだ」
　「いつもお前は、不注意ばかりだ」
　「なぜ、言われたとおりにできないのか」
　「給料もらっているのに、言われたこともできないなら、給料泥棒だ」
　「お前みたいな奴がなぜうちにいるのか分からない」

　これらは、**具体的な行為に焦点があるのではなく、対象者そのものに焦点を当てて、これを否定する発言をしています。**これをもし自分が言われたらどうでしょうか?

　「なぜ同じミスを繰り返すんだ」と言われても、ミスですから、理由はありません。「いつもお前は不注意ばかりだ」と言われても、どの行為の

79

ことを言っているのか分かりませんので、是正することも、具体的な対策を検討することもできず、「自分はダメなんだ」と思うしかありません。「お前みたいな奴がなぜうちにいるのか分からない」と言われても、同様に、何を具体的に努力すればよいのかが分かりません。辞めればよいのでしょうか？

　本来、**上司が部下に対して持っているのは、業務命令権**であり、**具体的にこのように業務を行いなさい、という命令をする権限**です。したがって、**対象はあくまで具体的な行為であり、具体的にどうすればよいかを明示する必要**があります。

　もちろん、「具体的にどうすればよいか」をいきなり教えるのではなく、自分で気づかせるということでも問題ありません。ただ、**目的は、「具体的な行為」をリクエストし、それを実行させること**です。自分ではどうしようもない、「性格」「能力」「注意力」などを非難されても、非難された方もどうすればよいか分からないことになります。

　指導と人格攻撃としてパワハラになりやすい言動を、対比してみました。

適法な指導といえる要素	人格否定としてパワハラになりやすい要素
・まず、事実関係をしっかり把握する ・事実関係を前提に、「会社（チーム）の目標達成」のために有効な対策を検討する ・質問するときも、原因を究明し、適切な対応策を検討するために必要な「事実」を聞く ・目的達成のために、合理的な方法を提示する ・対応策は、「具体的な行動のリクエスト」にする ・なぜそうするのか、そうしないとどうなるのかという「理由」も説明する	・発生した事実を見て、反射的に行動する ・言い分や説明を最後まで聞かない ・事実関係の確認が不十分 ・答えようのない質問をしたり、対策立案と関係のない質問をする（「なぜできないんだ！」「どうしてお前はいつも不注意なんだ！」など） ・目的と手段の合理性より、感情が優先する ・具体的な行動の「リクエスト」をしない

第9章	指標④ 人格攻撃や嘲笑になっていないか

　例えば、「事例編」の「事例１」では、駐車中の乗用車にバスを接触させて気づかず立ち去った運転士に対して、上司は、詳細を確認したり、社内のヒアリング調査が終了する前に、「おめえ、クスリでもやってんじゃねえのか」などと言い、警察署においても「一番重い行政処分にしてください」と述べるなどした上、「こいつ明日からダイヤを抜いて草むしりをさせろ」と指示し、下車勤務の上、本来運転士がやる業務ではない敷地内の草むしり作業を、期限も範囲も決めず、炎天下に連日取り組ませたという事例で、このような除草作業を行わせる命令を違法と判断しました。なお、本件では、ぶつけられた駐車車両が、駐車禁止区域に駐車しており、かつ、半ドアで、ドアがかなり開いた状態となっており、その部分にぶつかったことが後日判明しました。

　この事案では、**上司は、事実関係を把握することもせず、そのため「何が問題なのか」を特定することもなく、反射的に、懲罰として、炎天下の無期限かつ範囲を定めない除草作業を命じたり、警察に対して「一番重たい行政処分」**を求めたりしています。そして、対象社員に対しても、「クスリでもやってるんじゃないのか」などという**侮辱的な発言を**しています。

　このような上司の対応自体が、**上司としての役割をはき違えたもの**であり、そもそも、**上司の職務権限の範囲を超えている**といえるでしょう。

　裁判例No.14の事例は、交通事故による休職などで数年間乗務ができなかったCAで、再度の訓練を受けたが十分な成績が残せなかった対象社員に対して、「社員として失格」「寄生虫みたいだ」「新入生以下のレベル」「(辞める決断ができないなら)両親の所に行く」などと述べ、机をたたく、大声を出すなどして退職を求めたという事案です。

　この事案においても、裁判所は、このような退職勧奨部分について、不法行為となり違法と判断しました。

　このような、**具体的に改善点を明示するのではなく、対象社員の存在自体を否定するような発言は、人格攻撃ともいえる**でしょう。

裁判例No.57でも、「耳が遠いんじゃないか」「相手するだけ時間の無駄」「会社辞めたほうが皆のためになるんじゃないか、辞めてもどうせ再就職はできないだろ、自分を変えるつもりがないのならば家でケーキ作れば、店でも出せば、どうせ働きたくないんだろう」「死んでしまえばいい」「辞めればいい」などの発言について、「仕事上のミスに対する叱責の域を超えて、人格を否定し、威迫するもの」であって、「典型的なパワーハラスメント」であると認定されています。

これらの発言も、**具体的な行動をリクエストしたり、問題点の原因を分析してその是正をするための方法を提示したりすることなく、ただ、対象社員の能力などを非難するばかりで**、まさに「人格攻撃」であるといえます。

裁判例No.58の事案についても、「新入社員以下だ。もう任せられない」「何で分からない。おまえは馬鹿」といった発言が、名誉感情をいたずらに害する行為であり、注意又は指導のための言動として許容される限度を超えるとして、違法とされました。

これらの発言も、同様に、**具体的な問題点の分析や、対象社員に対して具体的にどのようにしてほしいのかといったリクエストはなく、単に対象社員の能力や理解力を非難する発言を繰り返した**という事例であり、「人格攻撃」といえるでしょう。

裁判例No.59では、同様のミスのある複数の職員のうち、1人に対してのみ反省文を書かせたことについて、不法行為に該当すると認定されています。

また、裁判例No.99では、対象職員との会話を避けようとする不当な目的の下に定例ミーティングを廃止し、業務上必要である声かけを無視したことや、他の従業員と比べて差別的な対応をしたことは、不法行為に当たるとされました。

第9章	指標④
	人格攻撃や嘲笑になっていないか

　裁判例No.93の事案では、「お前なんか要らん」「そんなんもできひんのに大卒なのか」などの発言を繰り返し、大学名を馬鹿にしたりしたことに対して、「業務指導の範囲を逸脱するものであるほか、本件労働者の人格や人間性を否定するものと評価し得る」として、違法と判断しました。

　これらも、同様に、**具体的な問題点や改善点を分析することも、対象社員に対して具体的な行動としてリクエストをすることもなく、単に、対象社員の能力や出身大学名を馬鹿にする発言を繰り返した**ものです。このような発言をされた対象社員としては、**どうすればよいか分からず、いたずらに自己肯定感や名誉感情を失っていくだけ**であり、「人格攻撃」であるといえますし、このような「指導」が、会社の経営目標達成のためにプラスになるとは、到底、思われません。

　人格攻撃は、対象社員の生産性を下げるだけであり、何らプラスになることはありません。上司としては、問題点をしっかり分析し、その是正のために役に立つ**「具体的なリクエスト」を準備し、それに従った具体的な行動を部下に求めていく**ことが要求されているといえます。

83

第**10**章

類型別深掘り
暴言とNGワード

1 | NGワードはない

　これまでご説明してきたとおり、パワハラかどうかは、**4つの指標を総合的に考慮**して判断されますので、**「○○を言ったらアウト」というようなNGワードはありません。同じ言葉でも、他の要素次第で、パワハラとなることもあれば、ならないこともある**わけです。

　本書でご紹介している裁判例の中でも、「給料泥棒」という同じワードが、裁判例No.67ではパワハラではないとされ、裁判例No.33ではパワハラであるとされていることについては、すでにご説明したとおりです（第5章参照）。

　この点は、裁判例でも明確に述べられています。例えば、「事例編」の「事例9」の裁判例では、「上司らの発言がパワハラに当たるか否か判断するに当たっては、**当該発言の文言のみをみるのではなく、**こういった経緯及び発言の**前後の文脈**も踏まえた上で、**当該発言のもつ意味について、業務指導をするという目的に適っているか、その方法や表現として適切な範囲を逸脱していなかったかといった見地から検討する必要がある**」として、文言だけで判断されるものではないことを明示しています。

第10章　類型別深掘り
暴言とNGワード

2 | パワハラになりやすい言葉

　そうはいっても、やはり言ってはいけない言葉はあるのではないかと思われるかもしれません。

　基本的には、パワハラになりやすい言葉として、以下の3つの類型が挙げられます。

（1）人格否定

　具体的な行動のリクエストを離れて、対象者自身でもすぐにどうにかできるわけではない「能力」「性格」「考え方」などを非難し、攻撃し続けるのは、上司が部下に対して持っている業務上の**指揮命令権の行使とはいえず**、パワハラになりやすいといえます（第9章参照）。

　他にも身体的特徴をからかう行為も、人格否定になりやすいといえます。

　もっとも、すでにご説明したとおり、パワハラとなるかどうかは、4つの指標の総合的な考慮ですから、日ごろから部下の育成を考え、指導やフォローも行い、人間的な信頼関係がある中で、軽口が出たり、あるいは指導に熱が入り過ぎてしまって、つい発してしまった言葉が、直ちにパワハラになるわけではありません。

　例えば、「ゲジゲジ」「お前はとろくて仕事ができない」といったような発言は、親しく信頼関係のある上司部下との間の軽口として許容範囲であってパワハラではないとされていますし（「事例編」の「事例4」）、「てめえらは稼いでいるんだから、ちょっとは我慢しろよ」「てめえらが、てめえらの好きなように言ってるだけでしょう、わがままで」「金もらってやってんだから、ちょっと我慢しろよ」「我慢できねえんなら、とっとと辞めちまえよ」などの発言も、上司が部下から人間関係等の悩みの相談を受け、これに対して冗談・自虐等を交えながらも比較的ゆっくりとした口調

85

でアドバイスしているものであり、前後の文脈やトーン（本件は録音されていました）、発言された経緯などを考慮すると、上司の部下に対する指導や相談に乗ったアドバイスの一環であり（指標③）、人格を非難するものではなく（指標④）、部下の成長や悩みの解消という正当な目的（指標①）のために合理的に役立つものである（指標②）として、パワハラに該当しないと判断されています（裁判例No.97）。

　ただし、パワハラを否定する他の要素があったとしても、やはり、形式的には人格否定となりやすい言葉を執拗に繰り返した場合は、もはや「軽口」とはいえず、やはりパワハラになるといえます。

（2）前提となる指揮命令関係を否定する発言

　上司の部下に対する指導や叱責をする権限は、雇用契約に基づく業務命令権が根拠である、ということはすでにご説明したとおりです。つまり、あくまで上司は部下に対し、会社の経営目標達成のために、部下に対して会社の持っている業務上の指揮命令権を行使しているにすぎないのです。

　そうすると、その**指揮命令関係自体を否定するような発言、つまり、「辞めてしまえ」などの言葉は、パワハラになりやすい**といえます。辞めてしまったりしたら、それ以上、その部下という人的資源を成長させたり、有効に活用することはできなくなってしまいます。

　もっとも、この場合も、すでに述べたとおり、一言こういった言葉を発したら直ちにパワハラになるということではなく、**あくまで、４つの指標を総合的に考慮して判断**するということになります。

　上記の裁判例No.97でも、「とっとと辞めちまえよ」がパワハラではないと認定されています。

　これらの発言も、結局のところ、**発言の言葉尻を捉えて検討するのではなく、４つの指標を踏まえて総合的に検討する**必要があります。本人の相談に乗ったりアドバイスをしたりといった、本人を活かす目的で（指標①）、その目的に合理的に役立つ範囲で（指標②）、人格を攻撃するのでは

第10章	類型別深掘り 暴言とNGワード

なく（指標④）、日ごろから指導やフォローをしつつその一環としてなされたもの（指標③）であれば、パワハラとはならないということです。

（3） 脅迫

　脅迫になるような言葉、つまり「殺すぞ」「死んでしまえ」などの発言についても、4つの指標を総合的に考慮してパワハラかどうかの判断がなされることになりますが、こういった言葉は、よほど強固な信頼関係のある上司部下の関係で、日ごろから適切な指導や育成がなされており、その口調なども明らかに冗談と分かるようなものであるというような特殊な場合を除き、**4つの指標を考慮して正当化されるという可能性は低い**といえます。

　例えば、「事例編」の「事例7」などでは、「殺すぞ」という言葉が、実際に危害を加える意思がなく言われていることを発言者も対象社員も十分に分かっていたという前提であっても、なお、パワハラに当たると認定しています。この裁判例では、これ以外の色々な言動について、上司としては「軽口」、「冗談」であったという弁明がなされているのですが、そもそも正社員上司と部下の派遣社員という地位の不安定な力関係にある当事者間で、対象社員を非難するような発言を気軽にする傾向がみられる上司であり、対象社員が大切にしている車を毀損するような発言もなされていて、到底「冗談」では済まない状況にあったともいえます。そのような中で、業務上の叱責の中でなされた「殺すぞ」という言葉は、4つの指標を踏まえても、到底正当化される要素はなく、パワハラに該当するという判決は、当然の結果といえるでしょう。

3 裁判例に出てきた具体的な言葉

　一見、パワハラに該当しそうに思える言葉が、4つの指標を総合的に考慮した結果、パワハラではないとされたものを集めてみました。

　これまでの「パワハラ」の常識から見ると、意外なものばかりではないかと思います。しかし、4つの指標の総合的な判断、という視点で見れば、どれも納得がいくものばかりです。

　簡単に、パワハラにならなかった理由も添えて、ご紹介してみたいと思います。

発言　「この成績は何だ。これだけしかやっていないのか」「こういういいかげんな資料で検討していても無駄だよ」「お前が資料作れないのであれば、他のものにやってもらったらどうか」「会社を辞めれば済むと思っているかもしれないが、辞めても楽にはならないぞ」（裁判例No.28）

理由　対象者自身が不正経理を行って損害を出したものについて、期限を決めて売上を上げて補填するように指示をし、上司がその遂行をチェックしていたが、対象者らが、さらに不十分な資料を作るなどし、実績も上がらなかったことから、これらに対して厳しく管理し督励をする目的は正当（指標①）で、このような背景及び発言意図を考慮すれば、目的達成のために合理性がある（指標②）ものであり、継続的な監督のみならず支援も行われており（指標③）、人格攻撃などではなく社会的に相当である（指標④）。

発言　「えー、ふざけるなよ。貴様」（裁判例No.42）

理由　業務成績が上がらない対象社員に対して、上司がたびたび面談の上でフォローをしており（指標③）、その中で、対象社員自身が録音

第10章　類型別深掘り　暴言とNGワード

の上、上司を挑発するような言動を行い、これに対して、ついいら立って口にしたものであり、脅迫等の目的でなされたものではなく（指標①）、態様も一度だけ、大声ともいえないような声で発言されたにすぎず（指標②）、発言の経緯からみて対象社員を侮辱する意図でなされたものでもない（指標④）。

発言　「ほんとにいらねえよ。何でお前、パートさんの年収の3倍ももらってやってんのにそんな程度なの？」「お前はもういる場所ないんだ」（「事例編」の「事例8」）

理由　長期間にわたり複数の上司から継続的に指導を受けた（指標③）にもかかわらず、基本的な業務もこなすことができなかった対象社員に対して、本人が十分な努力を行わず、勤務態度も改善されなかったという背景の下、業務についての注意・指導の目的でなされた発言であって（指標①）、その態様も、このような背景の下では多少厳しい発言や辛辣な表現があってもやむを得ないものであり（指標②）、あくまで業務改善を目的としてなされた発言であって、対象社員の人格攻撃というものではない（指標④）。

発言　「ここの仕事向いていると思う？」「人間的に無理」（「事例編」の「事例10」）

理由　一定の能力があるという前提で採用された看護師が、基本的な健康診断業務もできず、手順も覚えず、勤務成績・態度ともに改善が全く見られない状況で、上司や先輩看護師がつきっきりで指導をし（指標③）、期限ごとの目標を決めて指導をしても達成できず、一方で、いつまでに何ができるようになるという目標すら示さなかった対象社員に対し、そのままでは業務が務まらないことを指摘して努力を促す目的で「ここの仕事向いていると思う？」との発言がなされ（指標①）たが、特に退職を強制するようなものではなく、執拗なものでも脅迫的なものでもなかった（指標②）。さらに、対象社員が通

89

常の先輩からの業務指示に対して反抗的な態度を示し、挑発的な発言を行ったことに対して反射的に「人間的に無理」との発言がでたものであって、不当な目的でなされたものではなく（指標①）、一度だけ、挑発的発言に対して反射的になされたものにすぎない（指標②）。全体として、上司及び先輩は、勤務成績・態度ともに劣る対象社員を育成支援しようとしており、人格攻撃するような状況にはなかった（指標④）。

発言 「馬鹿」「おい、ふざけんなよ。お前」「勘弁してくれよ、お前。どこまで変なんだよ」（裁判例No.70）

理由 勤務成績・態度ともに劣る対象社員に対し、上司が日頃から指導や指示を行っていたが（指標③）、対象社員はこれを守らず、関係のない業務を行ったり、自分の担当ではない業務の資料を印刷するなどし、その理由を聞いても回答しなかったことから、資料の私的利用や持ち出しを禁止する目的で（指標①）、その際に発言がなされたもので、執拗に繰り返されたものではなく（指標②）、対象社員の人格的利益を侵害するものでもない（指標④）。

発言 「身だしなみを改善するまで勤務させることはできない」「君にできるような仕事はない」「常軌を逸している」（裁判例No.80）

理由 配送等の業務を担当していた社員が、勤務態度が悪く、服装にも問題があったため、たびたび注意をする中で出てきた発言であり、この経緯を踏まえると、仮にこうした発言があったとしても、要するに、身だしなみを整えることを求める目的のものであり（指標①）、その目的や経緯を踏まえれば、態様としても社会的相当性を逸脱して違法であるとまではいえない（指標②）。

　これら以外にも、これまでご紹介したものも含め、以下のようなものが、いずれもパワハラではないと判断されています。

第10章	類型別深掘り 暴言とNGワード

① 「即日懲戒解雇ですよ。いいですよね。私はやりますよ」（裁判例No.54）

② 「前向きではない。頑張りますなどと言いなさい」「ロボットみたいな動きでぎくしゃくしている」「指示されたこと以外はするな」「いい加減に人に頼らないで仕事覚えてよ」（裁判例No.55）

③ 「くそだ、くそったれ。ふざけんなよ」（裁判例No.66）

④ 「女、子供でもできる」「お前は子供や高校生の姉ちゃんでもできる仕事しかしていない」「俺もキレルぞ」「給料泥棒」（裁判例No.67）

⑤ 「結婚したら？」「他の会社行けばいいのに」「常識がない」「（残業を）皆やってるのに」「不気味」（裁判例No.68）

⑥ 「そんなことはどーでもいいから、目の前のことをやったらいいじゃないですか」「いったい何様なんですか」「何でもかんでも私に電話してこないでください」（「事例編」の「事例11」）

⑦ 「チンピラ」「雑魚」「向いてねえよ」「クソ生意気なことこきやがって」「もう客商売よしたほうがいいよ」（「事例編」の「事例12」）

⑧ 「お前たち、来期はないぞ」「（平成31年3月までに）死ぬ気でやれ」「もしそれまでに（改善の）目途がつかなかったら辞めてもらうぞ」「退職金も出ないぞ」（裁判例No.86）

⑨ 「てめえらは稼いでいるんだから、ちょっとは我慢しろよ」「てめえらが、てめえらの好きなように言ってるだけでしょう、わがままで」「金もらってやってんだから、ちょっと我慢しろよ」「我慢できねえんなら、とっとと辞めちまえよ」「病気なんだ。それでこういう商売できるの？ずっと」（裁判例No.97）

4 パワハラでないとしても、考えておかなければならないこと

（1）これらの発言が「OK」ではないこと

このように見てくると、何か**NGワードがあって、これを言ったらアウト、というような単純なものではない**ことを、お分かり頂けるかと思います。

ただ、くれぐれも、誤解しないで頂きたいのは、このような発言をしてもパワハラではないので、どんどんしてください、といっているわけではないということです。ご紹介した発言が、その事例では、**パワハラではないと判断されたというだけ**であり、それをもって、「**じゃあ、これらの発言はOKだ」と考えるのもまた、結局のところ、「言葉尻」を捉えているということになります。**

パワハラかどうかは、すでに見てきた**4つの指標が総合的に考慮**されます。したがって、きちんと部下を指導育成したり、職場内の生産性を確保するためにどうしたらよいかを、しっかり考え、その目的をもって（指標①）、その目的達成に合理的に役立つ態様や程度、内容で（指標②）、人格自体を攻撃をすることなく（指標④）行われる、日ごろの指導や支援の延長線上の行為（指標③）は、パワハラにはならないということです。

この点を、くれぐれも誤解のないようにお願いします。

（2）「違法」なパワハラかどうかと、「適切」な指導かどうか

第1章でもお話ししたとおり、パワハラかどうかは純粋な法律論です。そして、**パワハラにならない以上は、「違法」ではありません。しかし、パワハラにならないからといって、それが「適切」かどうかは、また別の**

第10章 類型別深掘り
暴言とNGワード

問題です。

　第17章でも解説しますが、厳しい叱責がパワハラにならないとしても、厳しいばかりでは部下はついてきませんし、職場の生産性も結果として下がることになります。

　本書を手に取って頂いている皆さんも、パワハラは防いだものの、職場の雰囲気が悪く、心理的安全性も低く、組織やチームの生産性も上がらない職場を作りたいわけではないと思います。

　パワハラにならないとして、さらに一歩進んで、どのような指導や職場環境が「適切」かは、各企業や組織の「社風」や「企業理念」「目標」「業種」などによって、千差万別であり、自社にあった適切な指導や職場環境を追求していく必要があります。

　本章では、「違法なパワハラ」になるのかどうか、という点をはっきりさせることを目的としています。

　この点を理解して頂き、「パワハラ」ではないとして、どうするのが自社にとって「適切」なのかは、また、別途考える必要があります。

93

上司としての「感情のコントロール」

　これまでお話ししたとおり、「パワハラ」の本質は、言葉尻や外形ではなく、上司と部下の関係をどう考えるか、という「考え方」そのものです。

　上司と部下は、あくまで、雇用契約に基づいて会社の経営目標達成のために力を合わせる仲間であり、ただ、職制の上下から、上司は、会社から預かった指揮命令権を行使する関係であるというのが大前提です。したがって、上司が部下に対して持っている指揮命令権は、「会社の経営目標達成のために合理的に役立つもの」に限定されているのです。そうすると、部下を指導や叱責するときも、あくまで、どういう指導をしたら会社の経営目標達成（もう少しブレイクダウンすると、「自分のチームの目標達成」になります）に合理的に役立つか、ということだけを考えて行うことになります。当然、「感情をぶつける」とか、体育会の先輩後輩のように「何でもいうことを聞け」というような要素は、全く入ってこないはずです。
　一方で、「上司の俺が偉い。人間的にも、能力的にも俺の方が上だ。だから、部下は、俺の言うことを聞けばいいんだ」と、あたかも人間的な上下関係であるかのように錯覚すると、間違えることになります。「下の人間」は、「上に従うべき」だし、「上の言うことを聞かないなどもってのほか」であり、そんな奴に対しては、当然「それなりの制裁を加える」ということになります。

　上司と部下の関係を正確に理解しておけば、「感情をぶつける」のが誤りだと理解できるはずですし、これまでの解説で触れたように、裁判で「パワハラ」とされるのは、業務上合理的に必要な命令を超えて、「感

第10章 類型別深掘り
暴言とNGワード

情をぶつける」「正当な経営上必要な目的以外の目的（制裁、義務のないことの強要など）がある」といった場合であるのは、お分かり頂けると思います。こういった要素がないのに、ただちょっと言い過ぎてしまった、というような場合は、裁判所も、その言葉尻を捉えて「パワハラ」と認定したりはしていないのです。

　そうして見てくると、上司としては、感情をコントロールすることが重要だということがお分かり頂けます。

　「そんなこと言っても先生、上司だって感情がありますから。そりゃ、丁寧に指導してるのに、ふてくされたり、反抗したり、聞き流して同じ間違えを何度もして平然としていれば、カッとなることもあるでしょう？」と、よく言われます。

　そのとおりだと思います。上司も人間ですから、感情はあります。カッとなることも、腹が立つこともあります。これは、しょうがないことです。

　ただ、それをそのままストレートにぶつけるのは、やはりNGです。街中で、他の人がごみを路上に捨てたり、路上喫煙禁止区域で喫煙したりしていたら、腹立たしく思うかもしれませんが、いきなり怒鳴りつけたりはしませんよね？「怒りの感情を持つ」ことはあっても、それをそのまま他人にぶつけないようにコントロールすることは、きっとできるはずです。

　その際には、ぜひ、４つの指標を思い出してもらい、今から話そうとしていることはこの４つの指標に沿っているか、を一度だけ、考えてもらえればと思います。

　そうすれば、感情を全力で部下にぶつけてしまう、という事態は避けられるのではないかと思います。

95

第**11**章

類型別深掘り
厳しい指導や叱咤激励

1 適法な「厳しい指導」か、違法な「パワハラ」か

　この問題は、「パワハラ」を巡る問題のメインテーマともいえます。業種、規模などを問わず、常に、上司も部下もこの点に悩み、さらに不正確な情報に振り回され、「パワハラの海」で漂流してしまっている、という印象です。

　もっとも、これまで、本書をお読み頂いた方は、もうある程度の鳥瞰図や航海図が、頭の中に浮かんできているのではないかと思います。

　ポイントは、「言葉尻」や「声の大きさ」ではなく、上司が部下に対する姿勢そのものによって、線引きがなされるというところです。改めて、確認しておきましょう。

　まず、パラハラかどうかの「たった1つの判断基準」は、こちらでした。

「会社の経営目標達成のために合理的に関連することか、そうでないか」

　特に、「指導」か「パワハラ」かという点でいえば、次の視点が重要です。

第11章　類型別深掘り
厳しい指導や叱咤激励

指導や命令として許されるもの	パワハラ
・会社（組織、チーム）の共通の目的達成のために合理的に資するかどうかを、理性的に検討して行うもの	・会社（組織、チーム）の共通の目標達成のために合理的に資するかどうかと関係なく行われるもの
・人材の有効活用の視点から、部下の成長（ミスの防止、業務効率の向上、スキルや人間性の成長）のために何が必要かを、合理的に考えて行うもの	・「怒り」や「嫌悪」「からかい」「蔑み」など、何らかの「感情」を表現したり、ぶつけるための手段として行われるもの

　そして、適法な「厳しい指導」か、違法な「パワハラ」かは、4つの指標を総合的に検討して判断されています。したがって、言葉尻や声の大きさなどの形式面ではなく、これら4つの指標を常に念頭に置いて、「総合的に」判断する必要があります。

パワハラかどうかを明確に判断するための「4つの指標」

☞ 指標①「適正な業務の遂行」を目的としたものかどうか
　　　　～負の感情の表現や、不当な目的の完遂などを目的としていないか～
☞ 指標② 内容や態様について「目的達成のための業務上の合理的な必要性」があるといえるか
☞ 指標③ 叱責だけでなく、成長をサポートする言動や体制があるか
☞ 指標④ 人格攻撃や嘲笑になっていないか

　イメージをより明確にしてもらうために、「バカやろう！」と怒鳴った行為、について、パワハラになる場合とならない場合の典型例を見てみましょう。

【パワハラになる典型例】

　上司は、部下を嫌っており、丁寧な指導や支援はせず、最低限のコミュニケーションをしている（指標③）。そして、部下がミスをしたときには、

97

どうしたらこの部下が再びミスをしなくなるかといったことを冷静に検討することなく、「また間違えやがったな！」という怒りの感情をぶつけるため（指標①）、「このバカやろう！」「何度言ったら分かるのか！」といった言葉を執拗に言い続ける（指標②）が、具体的にどういった行動をすべきかについてのアドバイスはない（指標③）。その「バカやろう」の言葉は、部下の人格自体を非難するために浴びせかけており、部下の成長を考えてのものではない（指標④）。

【パワハラにならない典型例】

　上司は、部下を何とか指導し、成長させて、一人前にしようと考え、育成計画を立てたり、真剣に指導したりといった支援を行っている（指標③）。それでも部下が、何度も注意されている「定められた手順」を無視して業務を行い、大きな問題や事故を起こしそうになったので、問題や事故を防ぐとともに、本人にも重大性を分からせるために（指標①）、一度「バカやろう！何やってんだ！」と言ったが、執拗に言い続けることはなかった（指標②）。部下の人格を攻撃する言葉はなく、その後も、具体的な問題点を説明し、今後、具体的にどのようにすればよいかという行動を説明し、指示した（指標④）。

　このような典型例を見て頂くと、「バカやろう！」という言葉自体では、それがパワハラかどうかの判断はできず、4つの指標の要素を検討する必要があることがお分かり頂けるかと思います。

　また、上司の立場からいっても、これら4つの指標を頭に入れ、叱責や指導をする前に、一度、この4つの指標を思い出してもらえれば、多少言葉遣いに配慮がなかったり、大声になったり、厳しい言い方をしてしまったからといって、直ちにパワハラになることはないといえます。

　パワハラに関する情報は氾濫しており、**「〇〇という言葉がパワハラとされた」**などという**「結果」だけが独り歩きし、「じゃあ、〇〇はNGワ**

| 第11章 | 類型別深掘り |
| | 厳しい指導や叱咤激励 |

ードだね」といったような扱いがなされることがあります。このように、背景事情を確認せずに、ただ、言葉尻だけを捉えてパワハラかどうかを考えるようなことをしてしまうと、あっという間に「パワハラの海」で漂流してしまい、何が「パワハラ」なのか、勉強すればするほど分からなくなる、ということになってしまいます。

したがって、適法な「厳しい指導」か、違法な「パワハラ」かを判断するに当たっては、**表面的形式的な情報に惑わされることなく、常に、自分の頭で、この4つの指標に当てはめて考える**ようにして頂ければと思います。

2 | 具体例で見る、適法な「厳しい指導」と違法な「パワハラ」の線引き

（1）有形力の行使（暴力）

対等な人間同士の注意や指導において、**暴力を使って脅かすというのは、基本的に合理的な手段ではありませんし、許されません**。したがって、暴力は、使わないようにしなければなりません。

ここでいう「暴力」とは、相手に向けられた直接暴行（殴る、蹴る、物を投げつける、など）だけでなく、**机をたたく、壁を蹴る、相手に対してではないが物を投げたり、物にあたったりする、といった間接暴行も含まれます**。

こうした、有形力の行使が、部下を指導する方法として合理性があるといえることは、まずないといってよいでしょう。

裁判例No.40では、胸ぐらをつかんだり、椅子を蹴って相手の足にあてたりした行為が、違法とされています。これは、従前からの確執を背景に口論となってカッとなってなされた行為であって、何ら経営目標実現のた

99

めに行われたものではなく（指標①）、暴力を振るうこと自体の合理性も
なく（指標②）、日ごろから対立関係にあって関係も良好ではなく（指標
③）、「あほちゃうか」といった人格を非難する言葉も併用されている（指
標④）事案であって、違法とされた結論は当然といえるでしょう。

　裁判例No.52では、護衛艦の中で、上司が部下に対し、平手で頭を殴る、
足蹴りをする、艦内に持ち込んだ私物のエアガンで撃つといった行為が、
パワハラとされています。本件では、経験も長く周囲から一目置かれる上
司が、その立場を利用して、日常的に部下に対して暴力や暴言を吐いたり、
髪型を変えることを強要してその反応を見て楽しんだりしており、その一
環としてなされたものであって指導の目的から出たものではなく（指標
①）、頻繁に暴力やエアガンで撃つといった行為に指導育成ための合理性
がありませんし（指標②）、指導をする人間関係も破綻している状態で
（指標③）、かつ一方的にエアガンで撃たれたり、殴られたりという屈辱
感を頻繁かつ継続して味わわされていたもの（指標④）ですので、パワハ
ラに該当することは明らかといえるでしょう。

　裁判例No.85では、上司が部下に対し、電話に出るように指示するため
に椅子の背を蹴った行為がパワハラとされています。この点、判決では、
「災害対応時の緊迫した状況下で、かつ両手が携帯電話及び手板で塞がっ
ていたとしても、部下に電話を取るよう指示するに当たって、足で対象社
員の座っている椅子を蹴るというのは、対象社員にとって屈辱的な態様で
ある上、そのような方法で合図をする業務上の必要性は全くなく、合図に
足を用いたこと自体不適切な行為」であるとしています。業務指示をする
という目的は正当（指標①）でも、そのために椅子の背を蹴るという合理
的必要性はなく（指標②）、また、それ自体が屈辱的な態様であって人格
を貶める行為である（指標④）という判断となっています。
　裁判例No.98も同様の事案です。

第11章	類型別深掘り 厳しい指導や叱咤激励

　もっとも、こうした有形力の行使であっても、最終的にパワハラに該当するかどうかは、4つの指標で判断されるという枠組みは、変わりません。

　このような観点から、有形力を行使しているにもかかわらず、パワハラとされなかった事例もあります。

　裁判例No.31では、ネクタイをつかんで引っ張った行為、左腕部をつねった行為、襟首をつかんで前に出るという行為などが、いずれもパワハラには該当しないとされています。この事例では、確かにこうした行為は存在したのですが、それは、対象社員自身が机をたたくなどし、さらに制止を振り切って会議に向かう上司につきまとおうとしたため、やむを得ずなされたものであり、上司の暴力を撮影して記録化しようとする対象社員が、あえて上司を挑発するなどして、その結果発生したものでした。また、その程度も軽微で、1回限りであり、執拗に継続をするようなものではありませんでした。したがって、業務の妨害や挑発を抑止するためになされた（指標①）、必要最低限のものであり（指標②）、連続する指導や注意の一環としてなされたもの（指標③）であるといえ、人格攻撃を行おうという意図を有していたものでもない（指標④）ので、パワハラではないとされた結論は、十分うなずけるものです。

　もっとも、このように、**有形力の行使がパワハラでないとされるのは極めて例外的な場面のみです。基本的には、対等な人間同士である部下に対して指示や注意をするに当たって、暴力を用いるという合理性はなく（指標②）、暴力で屈服させられるということ自体が屈辱的なことでもありますので（指標④）、避けるべき態様である**ことは、いうまでもありません。

（2）つい出てしまった「厳しい言葉」

　上司も人間ですから、色々な思いがあって、つい言い過ぎてしまうことや、厳しいことを言ってしまうこともあります。そうした場合にも、パワ

ハラになるかどうかは、**単に言葉尻ではなく、４つの指標にそって、総合的に判断**されることになります。つまり、言葉尻ではなく、その発言が、部下の指導や育成、あるいはチームの効率的な運営といった目的達成の文脈でなされた、「つい一言、言い過ぎた」発言なのか、それとも、そもそもそういった正当な目的がない、あるいは目的は正当としてもその実現のための手段として不合理な「感情をぶつける」ような形でなされたものか、で判断が分かれるといえます。なお、この類型については、第10章でも詳しく取り上げていますので、そちらも参考にして頂ければと思います。

　ここでは、４つの指標の観点から、さらに少し深掘りしてみましょう。

　裁判例No.33では、「ばかやろう」「給料泥棒」「よくこんな奴と結婚したな、もの好きもいるもんだな」という発言が、パワハラとされています。この事案では、上司は、部下に対する嫌悪感を持っており、「ばかやろう」といった言葉を浴びせたり、「給料をもらっていながら仕事をしていませんでした」という文書を書かせて提出させるなど、懲罰的な目的や感情をぶつけるための言動といった側面が見られました（指標①）。それらは、長期間にわたって繰り返し、執拗に行われており（指標②）、かつ、業務とは関係ない、配偶者を侮辱するような発言などがなされていました（指標④）。こうした全体的な背景を踏まえ、このような言葉がパワハラと認定されました。

　裁判例No.39では、職務上必要な質問や指導、あるいは、仕事を勤務時間内や期限までに終わらせるように指導するという正当な目的がある場合は、多少口調がきつくなったり、厳しい口調によることになったとしても、それだけで直ちにパワハラに当たるとはいえないとして、いくつかの言動をパワハラではないと認定しています。一方で、対象社員が病気による休職明けであったにもかかわらず、本人の体調などを把握も配慮もしようともせず一方的に仕事を指示し（指標③）、それができなかった場合に、原因や状況を検討して是正しようともせず（指標①）、具体的な改善指示を

することなく「何をとぼけたこと言いよんだ」「何をバカなことを言わん
べ」「おらん方がええ」などと繰り返し言い続けた（指標②④）ことが、
パワハラに該当するとされています。

　一方で、裁判例No.38では、残業申請に対して上司から(a)「今日中に
せなあかん仕事でないやろ。優先順位もつけられないでやっているのか」、
(b)「ずぶとそう」、(c)「もう何か月やってるんや。小学生レベルの能力
しかないってことやな」などの発言がなされましたが、これらは、パワハ
ラに該当しないとされました。
　この事案では、前提として、上司は部下に対し、厳しく指導しつつも、
継続的に支援指導をしていました（指標③）。
　その上で、(a)については、残業申請に対してこれを却下するとともに、
優先順位をつけて仕事をするように指導するためになされたものであって
（指標①）、丁寧な口調で言われたものであり（指標②）、特に人格攻撃と
なるような言葉でもない（指標④）といった事情から、パワハラに該当し
ないとされました。
　また、(b)も、仕事の要領が悪く処理能力が低いにもかかわらず、「業
務負担が重い」という対象社員からの言葉に対して、「ずぶといから大丈
夫」という文脈で出てきたものでした。裁判所は、この発言も「配慮を欠
く発言である」とはしつつも、全体的には、業務効率を上げることを目的
として（指標①）、業務量の問題ではなく処理効率の問題であることを伝
えるために1回なされた発言にすぎない（指標②）ことから、パワハラに
までは当たらないとされました。
　(c)についても、繰り返し上司が業務範囲や処理方法などを指示、指導
してきた（指標③）にもかかわらず、それを理解せず、むしろ自分のやり
方に固執して改めようとしない対象社員に対して、その是正を目的として
なされたものであり（指標①）、繰り返し指導しても理解してもらえない
ことに対して感情的になってなされた1回だけの発言であるから（指標
②）、不適切な発言ではあるものの、パワハラとまではいえないとされて

います。

　このように、**つい出てしまった不適切な発言であっても、それが反復継続するものではなく、指導という正当な目的のためになされたものであって、人格自体を攻撃しようとするものではなく、大きな流れとして指導や支援を継続的に行っていたという場合には、パワハラとはならない**ということになります。

　もちろん、上司の職務や役割といった観点からは、こうした「つい感情的になってそれをぶつけてしまう」ということは、**上司が自制し、コントロールすべき**ものであるとはいえます。しかし、**最も大切なのは、全体として、対象社員を指導し育成し、活用しようとしているかどうか、という点**であるといえます。

（3）衆人の前での叱責や指導

　厳しく叱責する場合であっても、基本的には、人前では行わない方がよい場合が多いといえます。**「褒めるときはみんなの前で、叱責するときは個別に」**というのが、効果的な指導と人材育成の原則といえるでしょう。**人前で叱責を受けることは、それそのものが屈辱感を感じる**ものです。それでもなお、人前で叱責すべき合理的理由があればよいのですが、一般的には、ミスの是正や成長という目的を達成するための合理的な範囲の指導という観点からは、**個別の指導や叱責を行うことで十分であり、あえて人前で行う合理的な必要性があるという場合は、少ない**と考えられます。そうすると、あえて人前で叱責をするということは、一般的には、目的達成のための合理的な手段とはいえず（指標②）、状況によっては過度の屈辱感を与えることにもなり（指標④）、パワハラになりやすいといえます。

　裁判例No.75では、パチンコ店の店長が、部下に対し、他のホールスタッフ全員が聞くことができるインカムを通じて、「帰るか」「しばくぞ」

第11章　類型別深掘り
厳しい指導や叱咤激励

「殺すぞ」などと暴言を吐き、さらに、見せしめにカウンター横に1時間たたせた上で、インカムで「みんなもちゃんと仕事せんかったら○○のような目にあうぞ」などと言った行為について、パワハラであると認定しました。

　判決は、そもそも対象社員に叱責されるような理由がなかったと認定した上で、衆人の前で1時間立たせた行為について「極めて屈辱的扱いをされたもの」とし、さらに、全員が聞こえるインカムでの発言についても、「インカムを通じ、仕事をしなかった場合に受ける罰として他の従業員に通知されることによって、極めて屈辱的な扱いをされたものであるというほかはなく、まさに、晒し者にされたというのにふさわしいというべきである」と判示しました。

　「事例編」の「事例2」は、上司が部下に対して送った叱責メールについて、目的は正当であるものの、十数名のユニット全員に、赤色の大きなポイントの字でメールを送ったことが、手段として合理性を欠き（指標②）、パワハラに当たるとされました。多くの人に対して必要もなくCCなどで叱責メールを共有することは、さらし者にすることになってしまい、名誉感情を不必要に刺激することになります（指標④）ので、叱責の内容を含む場合は、CCなどの範囲には注意が必要です。

　裁判例No.89は、上司が、対象社員は含まれない4名程度のグループチャットに対して、「マジ嫌いあの人」「何でも知っているふりして自分が一番みたいで本当ムカつく」「マジ頭にきたから昨日殴ってやろうかなと思ったよ」「喋ってるのを見てるだけでイライラする」などと書き込んだ行為につき、1日だけで、合計10回程度の書き込みにすぎず、対象者本人は見ることはなく、4人以外に見ることが想定されていない閉鎖的な場での書き込みであったこともあり、「単なる愚痴」であってパワハラではないとされました。

　これは、教育指導という目的でなされたものでないことは明らかですが、

そもそも４名程度のクローズドな仲間内のチャットで、不特定多数や対象社員が見ることを想定されていないものですので、目的としては単なる仲間内の愚痴にすぎないという意味で、不当とまではいえず（指標①）、その態様も、クローズドな少人数のチャットに単発で書き込まれたもので、継続、執拗になされたものではありませんし（指標②）、この「愚痴」とは切り離して、指導や指摘などはしていた（指標③）という点から、パワハラには該当しないとされたものです。

なお、同様の言葉でも、より広範囲に知られる状態であったり、本人が知らないところでも職場で広範囲かつ継続的に悪口を言いふらすといった場合は、さらし者にしようとする意図（指標①④）があり、仲間内の愚痴としては不必要に広範囲に伝搬してしまいます（指標②）ので、やはりパワハラになる可能性が高いと考えられます。

ただし、直接対象社員に宛てたものではなく、対象社員に閲覧権限がないチャットに記載された場合であっても、内容やチャットの閲覧者の範囲、具体的な記載に至る態様によっては、パワハラとなると判断した裁判例もあります（裁判例No.76）。やはり、どのような場であれ、「誹謗中傷」や「悪口」を言わないということは、基本的な姿勢として重要といえるでしょう。

（4）上司の感情をぶつける

裁判例などで**パワハラとされた事案では、上司が部下に対して、業務命令や指示をするのではなく、自分の負の感情をぶつけ、そのはけ口にしている例が圧倒的に多い**といえます。

上司も人間ですから、一生懸命指導している部下が、素直に言うことを聞かなかったり、態度が悪かったりすれば、ついカッとなることもあります。それは、人間である以上、やむを得ないことといえます。ただ、**感情的になることはあるとしても、それをはけ口としてぶつけることは、上司の権限には含まれていません**し、部下も、感情をぶつけられるのは「業務

上必要かつ相当」な負担とはいえません。あくまで、上司と部下は、会社の経営目標達成のための、合理的な指示や命令をする関係でしかないのです。

　もっとも、上司も人間ですから、いつも完全に感情をコントロールできるわけではありません。すでにご説明したとおり、**つい、カッとなって言い過ぎてしまったという場合も、4つの指標を総合的に検討し、全体としては、指導や育成の観点からの言動であるというときは、必ずしもパワハラにはならない**とされることも多くあります。

　ここでも、あくまで、4つの指標を総合的に検討することが必要なのです。

　裁判例No.21では、業務成績が芳しくない部下に対し、上司が、業務上の指導に加え、外見や生活態度も非難し、「お前は会社を食い物にしている」「対人恐怖症やろ」「肩にフケがベターとついている。お前、病気と違うか」といった言葉を継続的に言い続けた事案で、裁判所は、「部下として指導しなければならないという任務を自覚していたと同時に（上司は、対象社員の営業活動を強く援助している）、対象社員に対し、強い不信感と嫌悪の感情を有していたものと認められる」として、パワハラに該当するとしています。

　指導の目的があったとしても（指標①）、仕事と関係のないことまで非難したり（指標②）、外見や人格などを攻撃する（指標④）ことは、やはりパワハラになるといえます。

　裁判例No.24では、勤務態度や成績が悪くトラブルを起こす対象社員に対して、上司が指導を行う過程で、上司も感情的になり、殴り合いのけんかをしたり、その後も継続的に暴言を吐くなどした行為が、感情をぶつけているとされ、パワハラとされました。

　これは、殴り合いになっている時点で、すでに上司は指導の目的ではなく感情を晴らすという目的で行為を行っており（指標①）、暴力を振るう

ということは目的にかかわらず合理性のない行為である上（指標②）、指導などが行える信頼関係はすでに消失しており（指標③）、「ぶち殺そうかお前。調子に乗るなよ、お前」などと脅迫的な言葉を吐いただけでなく、実際にも暴力を振るうなどして対象社員に恐怖を感じさせて名誉感情を不必要に害している（指標④）という点から、パワハラとされたのは当然といえるでしょう。

　裁判例No.45も、休日や深夜に、具体的な業務指示ではなく、対象社員を非難する目的の感情的な留守電やメール、暴言等がなされたことに対して、パワハラであると認定されています。
　これは、夜11時過ぎなどの時間帯に、業務上の注意の目的ではなく、もっぱら対象社員に精神的苦痛を与える目的でメールや留守番電話へのメッセージを残しており（指標①）、深夜に執拗に非難をする目的のためだけのメールや留守電を残す業務上の合理的必要性はなく（指標②）、日ごろから対象社員に対して感情的に対応していた（指標③）という点から、パワハラと認定されています。

　裁判例No.57では、上司が新入社員である対象社員に対して、十分な指導もせず、業務上のミスなどを継続的に責め続け、「学ぶ気持ちはあるのか。いつまでも新人気分」「毎日同じことを言う身にもなれ」「死んでしまえばいい」「辞めればいい」「今日使った無駄な時間を返してくれ」などの叱責を行ったことがパワハラとされました。
　このように、具体的なリクエストではなく、抽象的に能力や態度などを執拗に攻め続けることは、適正な業務の遂行を目的としたものとはいえませんし（指標①）、負の感情の発散という不当な目的のために単に対象社員に精神的な負荷をかけるだけのものにすぎず（指標②）、十分な指導もせず（指標③）、「死んでしまえ」「辞めてしまえ」といった人格攻撃を繰り返す（指標④）ことは、まさにパワハラに当たるといえます。
　裁判例No.62は、指示内容というよりは、子供扱いしてバカにするよう

な言い方が、違法とされました。これも、「ペン習字でも習ってもらわないといけない」「エクセルのお勉強してください。分からなかったら娘さんにでも教えてもらってください」「日本語分かってはりますか」など、バカにするような発言が繰り返され、嫌悪感や蔑みの感情をぶつけた事例、といえるでしょう。

　この事案では、部署全体が対象社員を軽視する雰囲気があり、この発言も、部下から上司である対象社員に対して行われたものでした。この部下は、引継ぎのために対象社員に説明をしていたのですが、「この業務を対象社員ができるようになるとは思えない」という考えを持っており（指標③）、引継ぎのために関係のない嫌悪感や感情をぶつける目的の発言を（指標①）、他の辛辣な発言とともに頻繁かつ継続的に繰り返していた（指標②）もので、内容も子供扱いするなど不必要に対象社員を辱めるものである（指標④）ため、違法と判断されました。

　裁判例No.66では、「ふざけんな」「ばっかじゃねえの」「死ね、死んでしまえ」などの発言がパワハラとされました。こうした発言がなされた個々の事情はあるとはいえ、こうした発言が繰り返されていたこともあり、背景には上司の部下に対する嫌悪感があるといえる事案です。

　裁判所は、これらの発言がなされた目的については、業務の進捗がはかばかしくないことに対して、その認識を促し、注意や叱責をするためであって正当性はあると認定しましたが（指標①）、その目的達成のために合理的に必要な発言とはいえず（指標②）、対象社員の人格を不必要に傷つけるものであったり、存在自体を否定するものであって（指標④）、パワハラに当たるとされました。

　裁判例No.84は、退職の意思を表示している対象社員に対して、「俺の何が気に食わないのか」「逃げるのか」「俺に対して失礼だと思わないのか」といった発言を行った点がパワハラとされました。
　裁判所は、このような発言がなされた目的は、上司のパワハラを訴えて

辞めようとしている対象社員に対して、自身がパワハラで指弾されること
を回避したいという自己防衛目的でなされたものであって、目的が不当
（指標①）と判断しています。その上で、これらの発言は、そもそも退職
する自由を有している社員に対して退職を撤回するという任意の働きかけ
をするには不相当な態様であり（指標②）、パワハラに当たると判断して
います。

　退職を慰留するために働きかけをすることそのものは違法ではありませ
んが、あくまで任意の対応を促す行為であり、退職の申し出に対して、そ
れを感情的に責めたり非難したりすることは、パワハラになり得るといえ
ます。

　裁判例No.86では、営業に失敗して損失を出した対象社員に対して、
「馬鹿」「無能」「サラリーマン根性丸出し」「会社の経営を考えない」「会
社の金を横領した者より始末が悪い」「呪い殺してやるからな」などと発
言した行為がパワハラとされました。

　この点について、裁判所は、「業務指導ないし叱咤激励とは異なる強い
嫌悪の感情を示す発言までしており、かかる一連の発言は、感情の赴くま
まになされたものというべき」として、発言の目的が叱咤激励などではな
く感情をぶつけるものであったと認定し（指標①）、その程度や態様も
「社会通念上許容される範囲を逸脱し」ており（指標②）、「犯罪行為を行
ったものより悪質」などの人格的非難を執拗に繰り返すものであって（指
標④）、違法と判断しました。

　裁判例No.95では、「おばさん」「（お）デブ」「ブス」「経験豊富」とい
った、年齢、体型、容姿、結婚歴に関する侮辱的な発言をしたことがパワ
ハラと判断されています。

　これらの言動は、対象社員を揶揄し、バカにするもので、業務上の必要
性がある発言でないにもかかわらず（指標①）、執拗に繰り返されていた
上（指標②）、その内容も対象社員の存在や人格、外見を辱めて、必要も

第11章　類型別深掘り
厳しい指導や叱咤激励

なく名誉感情を害するものとなっている（指標④）ものといえ、パワハラに当たるといえます。

（5）　具体的な改善点を伴わない人格攻撃

第9章でも詳しく解説していますが、**具体的な行動のリクエストを伴わず、単に、対象社員の能力、性格、資質などの非難を繰り返すことは、パワハラになりやすい**といえます。

例えば、「何で言われたとおりにできないんだ」とか、「何で同じミスばかり繰り返すんだ」といった言葉は、それそのものがパワハラになるわけではありませんが、繰り返し言い続けることには問題があります。**上司は、部下を「非難」するために存在するわけではありません。どうしたらミスが防げるか、原因は何なのか、具体的に何に気をつけてどういう行動をすればミスが防げるのか、を考えて、その具体的指示を出すことで、ミスを防いだり、業務効率を改善したりすることができます。**「この処理をする前に、具体的に〇〇を参照してから行うようにしてください」といったような、行動のリクエストを行うことが、業務命令の正しい形といえます。

言われたほうも、**性格や能力の低さをいくら非難されたところで、性格が改善されるわけでも、能力が急にアップするわけでもありません**から、どうすればいいか分からなくなってしまいます。

そういった具体的なリクエストを伴わない抽象的な非難は、結局のところ、上司の**部下に対する嫌悪感や蔑みの感情の表れ**としてなされる場合が多く、**人格を非難攻撃することになり、パワハラに繋がりやすい**といえます。

裁判例No.58では、「新入社員以下だ。もう任せられない」「何で分からない。おまえは馬鹿」といった発言がパワハラとされています。

判決では、これらの言動は嫌がらせ目的とまではいえないとして、目的は不当とまではいえないとしましたが（指標①）、こうした抽象的な文言

での叱責を繰り返すことは、対象社員の「名誉感情をいたずらに害する行為」であり（指標④）、対象社員に対する「注意又は指導のための言動として許容される限度を超え、相当性を欠くものであった」（指標②）と判断しています。

　一方、裁判例No.78のケースでは、上司（部長）が部下に対し、次のようなメールを送り、そのうち一部は、次回会議参加予定者約30名にもCCで送信されたというものですが、裁判所は、これらはいずれもパワハラには当たらないと判断しました。

・「次回に向けてのアクションについて何も決めずに、シラッと終了させてしまいましたが、次回に向けて私がお願いしたかったことを伝えておきます」
・「懸案事項一覧表を拝見しましたが、タダの指摘事項一覧表で驚きました」
・「もしかして、初めてＷＢＳを書きましたか？　ＷＢＳとは何なのか知っていますか？」「これで、金曜日までに準備が完了できるのか不明です。これでは何もアドバイスもできません」
・「進捗を報告してくださいと言ったつもりですが、ＷＢＳを送って理解してくださいというのは、余りにも手抜きではないですか？」
・「こういう基本的な仕事のやり方から指導しないといけないのでしょうか？あなたが仕事のやり方を改善してくれないと、私の無駄なオーバヘッドばかりかかるので本当に困ります」
・「自分がやると言ったこともやっていないように見えるし、殆ど無視して準備を進めたような印象で、申し訳ないですがこれからアドバイスをしても無駄になると判断しました。会議の席上で質問をしますので、そこで答えてもらいます」

　このようなメールについて、裁判所は、約30名にCCで送信されたことについて「いずれも、次回の会議にも出席することが予定される会議参加者に対して一斉送信することが殊更不必要な内容であったとまではいえ

第11章　類型別深掘り　厳しい指導や叱咤激励

ない」（指標①）とし、またメールの内容についても、メールの記載内容が「部下に対する指導に際しての冷静さや配慮が十分でない」としたものの、記載内容がこの程度にとどまっていることや、メールでの叱責が1回にすぎない（指標②）ことから、違法なパワハラとまではいえないと判断しています。この判断の中で、本メールは「具体的な問題点を示して、指導を行うものであり、アドバイスはしない旨の表現こそ伴うものの、他方で、資料の内容、進捗報告の方法、会議の論点設定等に関し、少なくとも改善の方向性は示されているものであるから、対象社員に対する皮肉めいた表現も見られることを考慮しても、業務の適正な範囲を超えた言動であったとまでは評価することができ」ない（指標②③）とし、また、「資料が部長の期待する水準に達していないことに対する辛辣な表現は伴うものの、少なくとも部長は、対象社員に対する指導を重ねていたことも踏まえれば、業務の適正な範囲を超えた言動であったとまでは評価することができ」ない（指標③）、と判断しています。

　言葉が辛辣であったり、皮肉を伴ったりしていた点は適切ではないものの、①業務の遂行を円滑に行うために会議の準備状況を事前に確認して必要な指導を行う目的で（指標①）、辛辣な発言や約30名に対するCCもその目的の範囲内では違法とまではいえず（指標②）、単に叱責する目的ではなく、詳細に具体的な業務の進め方を指示するものになっている（指標③）という点が、パワハラに当たらないという判断の根拠となったものといえます。

　このように、叱責や厳しい指導も、行ってもらいたい具体的な業務内容などを示して、**業務上の必要性に基づいて行う場合には、多少言い過ぎたり辛辣になった表現が含まれたとしても、その言葉尻だけで直ちに違法となるものではありません。重要なのは、全体として、その言動が、「会社の経営目標達成のため」になされているか、言い換えれば、業務の円滑・適正な遂行を確保するために必要な指示を与えたり、部下の成長のために具体的にやるべきことを示したりといった形でなされているか、**というこ

113

となのです。

（6） 十分な指導や支援がないまま厳しく叱責する

　上司の部下に対する指導や叱責も、あくまで、会社の業務を円滑・適正に運営していくために与えられた権限ですから、**厳しく叱責するだけでなく、具体的な業務上の指示や支援、フォローなどを行うことが不可欠**です。上司が部下に対して感情的になってしまい、必要な指示や指導などはあまりせず、ミスをしたときだけ激しく怒る、というのは、よく見られるパワハラになりやすい典型例といえます。

　裁判例No.23では、仕事の出来は悪くないものの要領がよいとはいえず、与えられた業務の全てを完遂することができずに悩んでいた対象社員に対し、具体的な業務上の助言や支援はせず、業務量の調整なども行わず、精神的抽象的に叱咤激励するのみであり、それも、必ずしも好意を持って行っているとはいえず、部下の面前で叱責したり、会社の役員や多数の社員が出席する懇親会の場で「無能」ともいえるような批判を延々と行うなどした事案です。

　裁判所は、これらの行為につき、対象社員の孤立無援を深め、心理的負荷を増大させるものであって、違法と判断しました。

　「事例編」の「事例4」では、新たに三曹に昇格したばかりでまだ具体的業務の練度が低かった対象社員に対し、上司が、「バカ」「仕事ができない」などと言い続け（指標④）、一方で、具体的な業務上の指示やアドバイス、支援などは行うことなく（指標③）、むしろできないと分かっている作業を他の部下の前であえてやらせるなどの行為を繰り返していた（指標④）事案で、これらの言動が護衛艦という閉鎖的な空間で執拗かつ継続的に行われていたこと（指標②）などを考慮して、これらの上司の言動を違法と判断しました。

第11章　類型別深掘り
厳しい指導や叱咤激励

　裁判例No.26でも、上司が入社したばかりの対象社員に対して、最初から逆恨みをして感情的に接し（指標①）、あえて厳しい対応をしたり、物を投げつけたりした上（指標②）、指導や支援をほとんど行わないまま、入社直後の社員には適切な支援なくこなすことが難しい質及び量の仕事を押しつけ（指標③）、できなかった場合に罵倒を繰り返した（指標②④）という事例で、これらの行為が違法と判断されました。

　裁判例No.29では、仕事はできるものの、部下に対して配慮を欠く発言や叱責が多い上司による厳しい叱責が違法とされました。判決では、端的に、「人前で大声を出して感情的、高圧的かつ攻撃的に部下を叱責する」ものであり（指標④）、少なくとも指導や育成という意味では合理的な配慮はなく、「部下の個性や能力に対する配慮が弱く、叱責後のフォローもない」（指標②③）というものであり、「それが部下の人格を傷つけ」る（指標④）という点で、「パワハラに当たることは明らか」としています。
　フォローや支援もなく、ミスに対して感情的に怒鳴るだけの上司からの叱責は、単なるパワハラにすぎないということが明確に示されています。
　上司は、叱責するのが仕事ではなく、あくまで、部下を「指導育成」するのが仕事であり、その過程において、**そのために必要な範囲で、叱責することが許されている**と考えるべきでしょう。

115

第**12**章

類型別深掘り
厳しいノルマや目標の設定、嫌な仕事の担当

1 │ パワハラかどうかの判断についての考え方

　本人が望まない仕事や、きつい仕事を命令したり、厳しいノルマや目標を課したりすることは、対象社員にとっては**精神的・肉体的苦痛を伴うもの**といえますが、**だからといって、これらが直ちにパワハラとなるわけではありません。**

　仕事ですから、楽しいことばかりではなく、ときには厳しいことやきついこともあるでしょう。それらが「パワハラ」になってしまう、というのでは、会社や事業は到底成り立ちません。

　すでに繰り返し見てきたように、これらの類型についても、パワハラに当たるかどうかは、**4つの指標に従って合理的といえるかどうかを、総合的に検討して判断**することになります。

　厳しいノルマや目標が設定されていたり、本人が望まない仕事を担当させることになったとしても、それが会社の経営目標との関係で業務上必要のあることであり（指標①）、そのために合理的な内容・程度であり（指標②）、ノルマを強制するだけでなく、必要なアドバイスや支援、サポートなどをしており（指標③）、叱咤激励するに際しても「具体的業務」にフォーカスし、対象社員の能力や人間性を非難するようなことをしない（指標④）のであれば、パワハラにはならないといえます。

| 第12章 | 類型別深掘り
厳しいノルマや目標の設定、嫌な仕事の担当 |

2 厳しいノルマや目標の設定

　裁判例No.28では、「過剰なノルマの強要」がパワハラに当たるかが争われ、第一審ではこの部分も含めて違法とされましたが、控訴審では、いずれも違法性はないと判断されました。この事例では、対象社員自身が架空の経理処理を行うなどして不整合を生じた部分を埋め合わせる趣旨も含め、かなり厳しいノルマが設定されましたが、営業計画を対象社員を含む該当営業所が自主的に作成していたことや、過去の業績を踏まえて作成されたものであることなどから、「過剰なノルマ達成の強要があったと認めることはできない」とされました。

　裁判例No.53では、デイサービス施設のセンター長であった対象職員に対し、上司が、通所者を集めることや、勤務する看護師などを集めてくることなどについて、厳しくその目標達成を求め、その後、対象職員がうつ病を発症したという事案です。

　裁判所は、「デイサービス利用者を増加させるための対策を立てるように促したり、対象職員が看護師1名の補充をチラシに載せることを提案した際に叱責するなどし、また、対象職員がデイサービスで使用する物品の購入の許可を求めた際、容易にこれを認めなかったりしたことが認められる」として、かなり厳しい目標達成や経費削減などのプレッシャーがあったことを認めました。しかし、パワハラについては、対象職員に対する指示や叱責が行き過ぎる場合があったとしても、「主として、発足したばかりのデイサービスの経営を軌道に乗せ、安定的な経営体制を構築しようという意図に出たものと推認されるのであって、それを超えて、対象職員に対する私怨等に出たものと認めるに足りる証拠はない」（指標①）とし、対象職員は「デイサービスのセンター長としての地位にあ」ったのであるから、上司が対象職員に対して「頻繁に利用者拡大のための改善策を提案

117

させたり、利用者拡大のために必要な措置（チラシ配り等）を取るように求めたとしても、職務に照らして不当であるとはいえ」ない（指標②）、と判断しました。なお、この事案では、特に侮辱的な発言や人格非難のようなことはされていませんでした（指標④）。

このように、**厳しいノルマや目標達成を求められたとしても、それが感情的なものであったり、私怨のようなものでなく、適切な指示、支援の下になされるのであれば、パワハラにはならない**ということを明確に判断したといえます。

3 | 嫌な仕事の担当命令や、拒絶した場合の低評価

（1）適法とされた事例

すでに述べたとおり、会社が、業務上の合理的な必要性がある業務を担当させる場合には、それが仮に本人の意に沿わないものであったとしても、それだけでパワハラとなるわけではありません。**基本的には、会社は、業務の円滑・適正な遂行のため、幅広い業務命令権を有しており、誰にどの仕事を担当させるかは、会社の裁量の範囲内**といえます。

裁判例No.3では、大阪から静岡への転勤命令につき、有効と判断しました。

転勤については、「使用者は業務上の必要に応じ、その裁量により労働者の勤務場所を決定することができる」として、会社側に広い裁量があることを明らかにしました。ただし、転勤命令が濫用的になされる場合には無効になることもあるとした上で、「当該転勤命令につき業務上の必要性が存しない場合又は業務上の必要性が存する場合であっても、当該転勤命令が他の不当な動機・目的をもってなされたものであるとき（指標①）若

しくは労働者に対し通常甘受すべき程度を著しく超える不利益を負わせるものであるとき（指標②）等、特段の事情の存する場合でない限りは、当該転勤命令は権利の濫用になるものではないというべきである」と判断し、転勤命令に関する会社の裁量が広いものであることが確認されました。

裁判例No.6では、組合バッジを着用して勤務を行った対象職員に対し、炎天下に10日間、火山灰除去作業をさせた行為が適法とされたものです（詳細は第7章もご参照ください）。

この事例では、火山灰除去作業自体、業務の安全な遂行のためには誰かがやらなければならない業務であり、殊更、懲罰を目的として、不必要な業務をさせたというものではない、として適法とされています。

裁判例No.12では、会社の経営方針に従わず、残業拒否や非協力的態度を繰り返す従業員に対し、8年以上にわたって昇給・昇進据え置きをした行為が、合理性があり、適法とされました。

この事案では、対象社員が、会社の方針に非協力的で、残業も一切しない姿勢を貫いており、これに対して低い評定を行い、8年以上の昇給を据え置いた行為も、「残業を行った者と行わなかった者とでは会社に対する寄与度、貢献度に差があるのは明らかである」から、これに対して低い評価がなされることはやむを得ないと判断されています。また、こうした会社に対する寄与度、貢献度の差という程度を超えて、いわば報復的な懲罰として特別に査定上の差をつけているということではないので、パワハラには当たらないと結論づけています。

会社の方針に従わない者に対して、報復的な懲罰ではなく、きちんと評価基準に従って、会社に対する寄与度、貢献度に応じた低い評価をすることは、目的の上でも（指標①）、またその方法としても適切であり（指標②）、人格非難等を伴わないものであれば（指標④）問題がないということになります。

裁判例No.27でも、患者への対応などに問題があり、それを是正しよう
としない医師に対して、低い評価を行い、序列逆転の人事異動を行った行
為が、パワハラには当たらないとされました。

　この事案でも、会社側は、問題点を指摘して具体的な是正点を指導する
などしていましたが、医師本人がこれに従わずに問題行動を繰り返してい
たものであり、会社の指示に反して対応を改めないことに対して低い評価
をすることは当然といえます。

　裁判例No.37では、プロジェクトを外され、希望しない庶務的な業務を
担当させられた対象社員が、かかる異動はパワハラであると主張しました
が、裁判所は、パワハラに当たらないと判断しました。

　この事案では、対象社員は、意匠デザインの実力はあったものの、上司、
同僚、顧客との協調性を欠き、問題を繰り返し、会社からの度重なる指導
や助言によっても是正されなかったという背景があります。裁判所も、対
象社員に「プロジェクトを担当させなかったことは要するに本人の職務態
度に起因するものであるから、これをもってパワーハラスメントというこ
とはできない」と判断しています。

　裁判例No.88では、勤務態度等に問題がある対象社員に対し、ヒアリン
グなどの適切な手続を経た上で、出勤停止や降格にし、担当業務を変更し
たことについて、違法性はないと判断されました。

　裁判例No.90でも、大学の評議員候補とされていた対象社員に対し、学
長がこれを拒否し、評議員候補から外すとともに、その理由なども含めて
教育研究評議会で報告をした点が、パワハラに当たらないとされました。

　対象社員は、学長選考に関して、不適切であり違法の疑いもある内容の
プレゼンを行っており、そのような経緯を踏まえて学長が評議員候補から
除外したものでした。この点について、裁判所は、対象社員「による本件
プレゼン発言を知った学長が、当人を大学の教育研究に関する重要事項を

| 第12章 | 類型別深掘り |
| | 厳しいノルマや目標の設定、嫌な仕事の担当 |

審議する機関である教育研究評議会の評議員には相応しくないと評価したことには、相応の理由があるから、本件指名拒否について、評議員指名についての学長の裁量権の範囲の逸脱又は濫用があったということはできない」として、正当な人事権の行使であると判断しています。

　この事案でも、実際の対象社員の言動を基に評議員の適格性を判断しており（指標①）、これに基づいて評議員候補から外すことは、本来の権限の範囲内であって何ら不当なものではなく（指標②）、人格攻撃等も特になされていない（指標④）ので、パワハラに当たらないとした判断は正当といえます。

（2）違法とされた事例

　一方で、嫌な仕事、本人が望まない仕事を担当させたという場合であっても、それが業務上の必要が乏しく、制裁や退職勧奨といった、別の目的のためになされる場合（指標①）には、違法とされる場合があります。

　このうち、退職勧奨については、第14章で詳しく触れますので、ここでは、それ以外の類型を見てみることにしましょう。

　裁判例No.7では、高等学校の教諭である従業員に対し、それまで担当していた学科の授業、クラス担任等一切の仕事を外し、何の仕事も与えないまま4年半にわたって別室に隔離し、さらに7年近くにわたって自宅研修をさせた行為が、パワハラとされました。

　この事案では、対象社員が二度の産休を取ったこと及びその後の対応が気に食わないという感情的な校長の嫌悪感に端を発し、その後、双方が感情的になって行き違いが増幅され、学校側が依怙地になってこうした対応を行ったという背景でした。なお、退職勧奨は行われていませんでした。

　そもそも、この異動（業務命令）は、校長側の感情的な意趣返しの目的でなされたもので、業務上の必要性はなく（指標①）、13年間にわたって通常業務を一切担当させないという常軌を逸したものであって（指標②）、

何ら是正や指導のための措置も行われていなかったこと（指標③）などから、違法とされたものであり、その判断は首肯できます。

　裁判例No.35では、教授に無断で教授選に立候補した対象医師に対し、教授が激怒し、全ての臨床担当から外した上で、10年以上も臨床を一切担当させなかった行為が、違法とされました。

　これは、教授選に無断で立候補したことに対する上司（教授）の怒りや嫌悪感が理由であり（指標①）、その後10年以上の長期間臨床を一切担当させないという異常なものであって（指標②）、その間に指導や支援は一切なかった（指標③）というのですから、パワハラに該当する事案といえるでしょう。

　なお、この判決では、以下のように示し、もし問題行動のある社員であれば、適切に指導等を行い、それでも是正されない場合には解雇をするという流れを取ることが正当であると判示している点も、参考になります。

　判決は、「**対象医師が大学病院に勤務する医師としての資質に欠けていると判断したのであれば、本人に対し、そのような問題点を具体的に指摘した上でその改善方を促し、一定の合理的な経過観察期間を経過してもなお資質上の問題点について改善が認められない場合は、その旨確認して解雇すべき**」であると指摘しており、こうした問題社員に対する対応方法として、参考になる点が多いといえます。

　裁判例No.69では、勤務態度に問題があった対象職員に対し、約13年間の長期にわたって意味のある仕事をさせなかったことが、パワハラに当たるとされました。

　このケースでは、本人の勤務態度や協調性などにも問題があった事案であり、特別に私怨や上司の負の感情を発端とするものではありませんが（指標①）、それでも、13年もの長期にわたって、給与を払いながら生産的な仕事に一切かかわらせないというのは、異常な事態（指標②）といえます。また、この間、是正のための十分な教育や支援も行われませんでし

た（指標③）。

　このような場合は、先の裁判例No.35が示すように、**適切な指導を行い、なお一定期間を経過しても改善が見込まれない場合には、解雇を検討する**といった対応を行うべきといえます。

　裁判例No.94では、約1年間にわたり、業務上の必要性がないのに、対象社員のみを別室で執務させ、ローカルネットワークにも接続できないようにし、電話で他の職員と連絡を取ることもできない環境に置いた行為が、「人間関係から切り離したものと評価することができ、パワーハラスメントとして不法行為を構成する」と判断されました。

　このように、違法とされた事例を見ると、**感情的な理由で意趣返しや制裁として、業務上必要性もないことをさせたり、問題ある社員に対して、きちんと指導、更生の機会の付与、経過観察、解雇といった手順を取ることなく、漫然と「職場内で排除」するような行為は、パワハラになる**といえます。

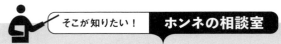

カスハラとパワハラの微妙な関係

　最近では、「カスハラ」対策も、企業の重要な課題の1つになっています。

　お客様を大切にすることはあらゆる商売の基本ですが、だからといって、異常なクレームや言いがかりで大切な社員を疲弊させることは、事業の存続にもかかわります。

　余談ですが、「カスハラ」は昔からあったと思いますが、最近になって急に大きくクローズアップされてきたのは、第17章でご説明する「労働環境の変化」が一因であると考えられます。

　以前も今も、お客様は大切ですが、以前は人的資源が日本には豊富であったため、「社員の替え」はきくが、お客様の替えはきかないという発想だったと思います。しかし、昨今の労働力の減少と、労働者獲得コストの増大により、カスハラをするような顧客を切り捨てでも、大切な人的資源である社員を守らないと、事業が立ち行かないという状態に変わってきたのではないでしょうか。

　パワハラとの関係では、カスハラに対して、会社が無理に相手の謝罪要求などに応じて、本来謝罪する必要もないのに、社員に過度な謝罪を強制すると、それ自体がパワハラになることがあります。

　裁判例No.74では、小学校に対して児童の保護者からの理不尽なクレームがあり、これに対して、校長がその場を丸く収めるため、担当教諭に手をついて謝罪をさせたことが、パワハラとされました。これも、本来謝罪義務がないのですから、業務上の義務のないことを、意に反して強制した点が、パワハラと捉えられています。

　管理者としては、人的資源の重要性を念頭に置いた上で、顧客からの不当な要求に対しては、毅然とした態度で、社員を守ることも必要

第12章　類型別深掘り
厳しいノルマや目標の設定、嫌な仕事の担当

です。

　社員も、そのあたりはきちんと見ていますので、「この上司は、自分たちの立場を分かってくれて、自分たちを守ってくれる」と思えば、その上司に対する忠誠心も上がるでしょうし、信頼関係を背景に心理的安全性の高い職場を作ることもできるでしょう。

　上司には、冷静さと優しさ、そして強さが求められているといえます。

第13章

類型別深掘り
研修や日報、反省文の提出

　部下を指導する際に、詳細な日報を提出させたり、研修を受けさせてその効果を図るために報告書を提出させたり、またミスなどをした際に反省文などを提出させることがあります。

　これらは、いずれも、**上司の部下に対する業務命令権の範囲内の行為で**あるといえます。

　ただし、**反省文の提出のさせ方や、頻度、内容、その他全体の経緯を考慮し、4つの指標の観点から、違法となる場合もあり得ます。**

　あくまで、業務上必要な情報の共有や、対象社員に現状や問題点を自覚させるためといった、業務の円滑・適正な遂行に合理的に必要な範囲のものであれば、適法といえます。一方で、嫌がらせや上司の負の感情をぶつけるといった不当な目的でなされたり（指標①）、目的との関係で合理性がない回数や頻度、方法で要求したり（指標②）、必要な指導や支援、フォローを十分に行わなかったり（指標③）、態様や内容が不必要に対象社員の名誉感情を害するものであるような場合（指標④）には、パワハラとなる場合もあり得るということになります。

（1）適法とされた事例

　「事例編」の「事例1」では、通常10日程度で終わる添乗指導を25出勤日にわたって行わせた行為が、適法とされています。

　これは、事故防止や安全運転の実施という正当な目的のために行われたものであり（指標①）、長期間にわたった理由も、添乗指導によって発見された新たな問題点を是正するためのものであって、実際に添乗指導によ

126

| 第13章 | 類型別深掘り
研修や日報、反省文の提出 |

ってこれらが改善されていること（指標②）、その間もベテラン指導運転士が添乗して具体的な問題点と是正点を指導するなどしていること（指標③）、指導の内容も運転技術や安全確認方法などの具体的なものを対象としており、人格非難などは行われていないこと（指標④）などがポイントとなったといえます。

「事例編」の「事例5」では、業務上のミスなどが多い対象社員に対して、日報を作成させ、それを読み上げさせるなどしており、これに対して、対象社員が「日報に反省点を記載しなければ叱責されたため、毎日、どんな些細なことでも反省点を探し出して記載せざるを得ず、不合理な自己批判を強制された」として、パワハラと主張しました。

これに対し、裁判所は、パワハラには該当しないと判断しています。

判決では、まず、「日報に反省点を記載しなかったから叱責された」という事実はないと認定した上で、日報自体についても、「仕事に慣れるペースが遅く、電話応対にも助言を必要とした対象社員に対し、教育指導的観点から少しでも業務遂行能力を身につけさせるために、日報の作成を命じたと考えられるのであり、不合理な自己批判を強制したものではない」として、目的は正当である（指標①）としました。

また、その態様も、特段不合理な自己批判の強制などはなく（指標②）、指導や助言を行う過程で日報も作成されており（指標③）、侮辱的な表現の記載を強制するなどの行為もなかった（指標④）ことから、全体としてパワハラには当たらないと判断しています。

裁判例No.48では、上司が、勤務態度等に問題のある対象社員に対して、「業務命令」や「勤務態度改善命令」などを交付し、それに署名させた行為が、パワハラに当たらないとされました。

判決では、これらの書類に署名をさせたのは、勤務態度について改善すべき点を認識させる趣旨であり、記載された事項の一部について対象社員に心当たりがなかったとしても、相当な指導の範囲を逸脱するものとはい

127

えず、不当な差別的取扱いその他の嫌がらせ行為であると認めることはできないとして、目的が正当であること（指標①）、及び手段としても合理性があること（指標②）を認定しています。また、対象社員の更生に向けて会社側も適宜指導等を行っていること（指標③）、特に侮辱的表現などを使ったり、そのような記載を強制したりはしていないこと（指標④）等を理由に、結論としてパワハラに該当しないと判断しました。

　裁判例No.71では、社内規程や手順に違反した業務処理を行った対象社員に対して、注意書きを作成させ、提出させた行為が、パワハラに当たらないとされました。

　対象社員側は、「いずれも会社に実害をもたらすようなものではないし、顧客に対してささやかな気遣いをしたにすぎないものであって、重大なルール違反といえるようなものではないから、あえて注意書を作成させるほどのものではなかった」と主張しましたが、裁判所は、「たとえ個々の行為が会社に実害を及ぼすものではなかったとしても、会社として、社内の規定や取扱いに反する不適正な処理を黙認することができないのはもとより当然であるし、仮に一個の行為のみでは口頭による注意で足り、注意書を作成させることまではしないということがあり得るとしても、不適正な処理が続いた場合に、口頭による注意では足りず、注意書を作成させる必要があると判断することも十分あり得る」として、目的は正当であると判断しました（指標①）。そして、その態様も、従業員に今後の改善策を検討させるにとどまるものであって合理性があり（指標②）、指導や指示は日ごろから行っていたこと（指標③）、人格攻撃や侮辱的な表現が使われてはいないこと（指標④）から、結論として、パワハラには該当しないとされました。

　裁判例No.87では、勤務態度に問題のある対象社員に対し、業務指示書に署名を求め、これに署名しない場合は勤務シフトに入れることはできないと告げた行為について、パワハラに該当しないとされました。

第13章　類型別深掘り
研修や日報、反省文の提出

これは、業務指示書に記載された項目は、いずれも広くいえばすでに就業規則で定められた従業員全員が遵守すべき服務規律にかかわるものであって、対象社員に対して新たに過重な義務を課すものではなく、不当ないし不合理な内容の誓約させる趣旨のものであるとも認められないとして、目的は正当であると判断しました（指標①）。その上で、業務指示書への署名という態様についても、対象社員の勤務態度に問題があったことを踏まえると、「業務指示書」の提出を求めること自体、業務上の指導ないし指示として不相当なものであるとまではいえない（指標②）のであり、指導や注意については日常から行っていた（指標③）にもかかわらず対象社員の問題行動が続いていたこと、業務指示書の記載内容は服務規律に関する当然のものであり、殊更に人格を非難するようなものは含まれていないこと（指標④）から、パワハラには当たらないと判断したものといえます。

（2）　違法とされた事例

「事例編」の「事例3」は、上司が部下を指導するに当たって、「主任としての心構え」を作成させ、提出されたものに対して、「自分の油、ＬＮＧ設備に対する知見の低さを自覚して」と、経験不足を殊更に記載して、あたかも主任として知見が十分ではないかのような文章を加えさせるなどした行為が、違法とされました。

この事案では、他にも「主任失格」「お前なんかいてもいなくても同じだ」などの暴言を吐いたり、「目障りだ」といって結婚指輪を外させるなどしており、全体として、上司の部下に対する嫌悪感や感情が先走り、これをぶつける手段として使用されており（指標①）、殊更屈辱的で能力が欠如するかのような表現を加えさせる合理的な必要性はないのに、これを強制し（指標②）、指導はしていたものの感情的な指導が多く（指標③）、殊更対象社員の能力や人格を攻撃するような表現を用いてなされている（指標④）という点で、パワハラに当たるとされています。

裁判例No.33では、上司が部下に対して反省文を提出させ、その中に、「給料をもらっていながら仕事をしていませんでした」という記載をさせたことなどが、違法とされています。

　これについても、この上司の他の言動もあわせてみると、部下に対する嫌悪感をぶつける目的でなされているといえ（指標①）、本人の自覚を促し適切な業務を遂行させるために合理的に必要とはいえない屈辱的な表現を記載させ（指標②）、指導は十分に行わず、むしろ暴力を振るうなどして威迫しており（指標③）、殊更対象社員の能力や人格を攻撃するような表現を用いてなされている（指標④）という点で、パワハラに当たると判断されました。

第13章

類型別深掘り
研修や日報、反省文の提出

第 **14** 章

類型別深掘り
退職勧奨

1 | 退職勧奨は違法なのか?

　よく頂くご質問に、「退職勧奨は違法ですか？」というものがあります。逆に、「退職勧奨をされました。これってパワハラですよね？」といったご質問を受けることもあります。

　この点も、よく誤解がある部分ですが、結論からいえば、**「退職勧奨そのものは、適法」**です。解雇事由の有無にかかわらず、会社が要求するスキルや業務の提供ができないので、任意に、自主的な退職を勧めるという意味での「退職勧奨」は、全く問題がありません。

　もちろん、対象社員に問題があるからといって、**いきなり退職勧奨をするのは、正しいやり方とはいえません。まずは、問題の原因を究明し、問題点を除去し、研修や指導を適切に行った上で、それでも十分に社内で活躍する場がないという場合に、はじめて退職勧奨を検討する**ことになります。一方的に雇用契約を終了させる「解雇」を除けば、退職勧奨は、あくまで「最終手段」であると考えるとよいでしょう。

　なお、このあたりの手順については、次の第15章でも詳しく説明していますので、そちらもご参照ください。

132

第14章　類型別深掘り
退職勧奨

2 どういう場合に「退職勧奨」が 違法とされるのか?

　このような手順を踏んだ上での退職勧奨は、原則として、適法です。ただし、裁判例上も、退職勧奨が違法とされる例は、散見されます。

　この点、**退職勧奨が違法とされる基準**としては、以下のようにされています（裁判例No.41参照）。

　退職勧奨は、勧奨対象となった労働者の自発的な退職意思の形成を働きかけるための説得活動であるが、**これに応じるか否かは対象とされた労働者の自由な意思にゆだねられるべき**ものである。したがって、使用者は、退職勧奨に際して、当該労働者に対してする**説得活動についてそのための手段・方法が社会通念上相当と認められる範囲を逸脱しない限り、使用者による正当な業務行為としてこれを行い得る**ものと解するのが相当である。他方、退職勧奨に際して、労働者の自発的な退職意思を形成する本来の目的実現のために社会通念上相当と認められる程度を超えて、**当該労働者に対して不当な心理的圧力を加えたり、又は、その名誉感情を不当に害するような言辞を用いることによって、その自由な退職意思の形成を妨げることは許されず**、そのようなことがされた退職勧奨行為は、もはや、その限度を超えた違法なものとして不法行為を構成することとなるものというべきである。

　退職勧奨について、違法となる場合の典型例としては、次のような場合が挙げられるでしょう。

（1）強制になる場合

　退職勧奨は、あくまで、自由意思に基づく任意の退職を「勧める」行為

にすぎません。したがって、**退職を事実上「強制」**するような場合は、本来義務のない行為、すなわち業務命令権の範囲外の行為を、強制的に行わせようとするものであり、**パワハラに該当する**ことになります。

　何をもって「事実上強制」とするかは、事例によって異なりますが、**本人が「退職しない」ということを確定的に回答**しているにもかかわらず、**さらに何度も退職を説得**するような行為は、**「事実上の強制」**になるといえます。

　また、確定的に「退職しない」とは言っていない場合であっても、**長時間**にわたって説得をする、あるいは、**執拗に何度も頻繁に説得**をする、といった場合も**「事実上の強制」**と判断される場合が多いといえます。

　さらに、**退職届を出さないことを理由に、業務上合理的な必要性のない業務や、過大、過小な業務を担当させたり、劣悪な労働環境に置いたりすることも、「事実上強制」**しているといえるでしょう。

　あくまで、「退職勧奨」は、自由意思に基づく任意の退職を「勧める」行為にすぎませんので、それが**奏功しない場合は、解雇事由があるときは解雇を検討し、解雇事由がないときは、現状で対象社員のパフォーマンスを最も生かすことができる異動や業務内容の変更、適切な指導などを検討する**必要があります。

（2）　虚偽・不正確な事実に基づいて行われる場合

　退職勧奨が、虚偽や不正確な情報に基づいて行われる場合も、違法となりやすいといえます。

　例えば、事実無根の「ミス」や「不行跡」に基づいて退職を勧奨する場合や、解雇事由が法的には存在しないにもかかわらず、「このままでは解雇になる。それが嫌なら退職しなさい」といった形で退職を勧奨する場合などは、退職勧奨が違法とされる可能性が高いといえます。

　特に、後者の場合は、「解雇事由」があるかどうかを事前に弁護士など

134

第14章　類型別深掘り　退職勧奨

ともしっかり協議し、検討した上で、「解雇事由がある」と判断される場合にだけ、「このままだと解雇になる」という表現を使うようにする必要がある点で、注意が必要です。

3 事例検討

（1）退職勧奨が適法とされた事例

「事例編」の「事例5」では、勤務態度や成績が不良である対象社員に対し、上司が、「現状のまま勤務させるのは難しい」と伝えたり、欠勤した日の夜、自宅近くの喫茶店に呼び出して退職する方向で考えてほしいと言うなどの方法で、退職を勧奨した行為が、違法ではないとされました。

この事案では、上司は、継続的に指導や支援をして、改善を促す努力を続けていたことや、退職をしない余地も残しつつ説得をしていたことなどから、様々な可能性の1つとして述べたにすぎず、事実上の強制には当たらないので、違法性はないと判断されました。

裁判例No.42では、「何才まで働くつもりか、60才まで働くのはあり得ない。50才代で転職する」「会社の業績が悪いので来年の仕事はなくなる」「あなたのことをずっと見ていたが、向上する気持ちがみられない」「仕事も受け身だ」「あなたはもう大人なんですから自分で考えないと」「今なら割増金もあるし、就職支援会社も紹介してくれる。ある意味チャンスよ」などと述べて行った退職勧奨が、違法ではないと判断されています。

この事例では、対象社員自身も、「自らの働きが例年に比して悪いと思わない」と述べたり、「今の不況の中で転職するのが得策とは思えない」などと、反対意見を自由に述べていることなどから、「事実上強制」され

135

たものとはいえないと評価されています。

このように、**対象社員の自由意思に働きかける範囲での退職勧奨は、基本的に問題はない**といってよいでしょう。

（2）退職勧奨が違法とされた事例

一方で、退職勧奨が違法とされた事例を見てみましょう。

裁判例No.1は、退職勧奨に応じない旨を明確に意思表示している対象職員に対して、3～5か月間に12～13回の長時間の執拗な退職勧奨を行ったり、対象職員の退職とは全く関係のない問題である、組合からの待遇改善要求に対して、これを承認する条件が対象職員の退職であるなどと圧力をかけた行為が、違法とされました。

自由意思で任意に行われるべき退職の意思表示を、執拗に要求したり、退職しないと他の職員に迷惑がかかるというプレッシャーをかけたりした行為が、事実上の強制であり、許された退職勧奨の範囲を逸脱すると判断されました。

裁判例No.4は、いったん雇い止めにした対象社員が、会社に対して裁判を起こし、会社にとって不利な状況となったため、復職する和解が成立して復職した後、会社が、対象社員を自主的に退職させようと考え、草取り、門の開閉、ガラス拭き、床磨きなどの業務を行わせたことが、不法行為に該当するとされました。

これは、経緯から考えても、対象社員に退職する意思がないことは明らかですから、すでに退職勧奨をできる状況ではないといえます。にもかかわらず、それまで専従の担当者を置いたことがないこれらの業務を、対象社員の仕事としました。

この点について、裁判所は、「殊更対象社員にのみこのような雑務をさ

せねばならない合理的な理由は全く存せず、専ら対象社員に対する見せしめのために右のような雑務をさせたものとしか解しようがない」として、違法と判断しています。

裁判例No.9は、会社は、課長職であった対象職員を退職させようと考え、降格の上で総務課の受付業務担当に配置転換し、受付業務を行わせたことが、違法とされました。

裁判所は、人事権の行使は会社の権限であること、降格等についても適正な会社の人事権行使であることは認めた上で、受付業務への異動については、勤続33年に及び課長まで経験した者に相応しい職務であるとは到底いえず、元管理職をこのような職務に就かせ、働きがいを失わせるとともに、行内外の人々の衆目にさらし、違和感を抱かせ、やがて退職に追いやる意図を持ってなされたものであり、銀行に許された裁量権を逸脱する違法なものであって不法行為を構成する、と判断しました。

裁判例No.36も同様の事案です。

裁判例No.13は、技術開発部長であった当時54才の対象社員を、「管理職としての業績不振の責任をとってもらう」として、「印刷センター」の「筑波駐在インキ担当」に異動させ、単純作業で特別な能力や経験も必要としない、15〜16キロあるインキ缶の運搬やインキの配合などの力仕事に従事させた行為と、さらにその後の異動で、工場内のごみを収集してごみ捨て場に運ぶ作業をさせたことが、違法とされました。

この事案では、「インキ担当」ポストは対象社員のために作られたポストで、対象社員がさらに異動させられた後は誰も後任についておらず、そもそも合理的必要性のない「嫌がらせ」のためのポストであったといえます。そのような特別な技術や経験・知識は不要で、力が必要な業務に、技術開発部門の経験や知識が豊富で、54才の対象社員を異動させる合理性も、皆無です。もちろん、その後の、工場のごみ収集作業の担当については、さらに合理的必要性がないことは明らかです。

これらの異動は、事実上、退職しないことへの制裁としてなされたものであり、退職しない限りこうした嫌がらせが続くことを示して退職を強制する行為であって、違法となります。

　裁判例No.14では、退職を勧奨した対象社員が、会社との連絡を避けるなどしたという背景があったとしても、暴言や机をたたく、長時間拘束する、寮に押しかけるといった行為を継続したことが、違法とされました。
　会社からの連絡を避けた対象社員にも問題はあったのですが、やはり、退職を望まない以上は、いったん退職勧奨は断念する必要があったといえます。

　裁判例No.31は、対象職員を退職をさせる目的で、警備艇を急転舵させ、対象職員を転倒させてけがをさせたという事例で、かかる行為を違法と判断しました。退職しないことを述べている対象職員に対して、暴力を使って退職を迫るものであり、違法との判断は当然ともいえます。

　裁判例No.41は、退職勧奨を違法としていますが、その理由は、次の2点とされました。
① 「自分で行き先を探してこい」「ラーメン屋でもしたらどうや」「管理者としても不適格である」「商工会の権威を失墜させている」「君は人事一元化の対象に入っていない」「異動先を自分で探せ」など、対象職員の名誉感情を不当に害する侮辱的な言辞を用いていること。
② 退職勧奨に応じない姿勢を明確に示しているにもかかわらず、繰り返し退職勧奨を行っており、その態様は執拗で対象職員に対して不当な心理的圧力を加えるものであること。

　裁判例No.43は、「懲戒になると、会社辞めさせられたことになるから、それをしたくないから言っている」「この仕事には、もう無理です。記憶障害であるとか、若年性認知症みたいな」といった退職勧奨を行った点が、

第14章　類型別深掘り
退職勧奨

違法とされました。

　もっとも、対象社員自身が明確に退職を拒否していたことや、それ以降は退職勧奨も行われなかったことを考慮して、慰謝料の額には反映しない、と判断されました。

　裁判例No.72は、業務上の「ミス」や「ルール違反」について、上司が部下を叱責する延長線上で、「信頼関係ゼロ」「あなたにお願いできる仕事はない」「あなたの性格ではここは難しいですよ」「ここの美術館でいらない人」「辞表を書いていただく」などの退職勧奨をしたことが、違法とされました。

　これは、上司が問題にした「ミス」や「ルール違反」が、些細なものにすぎなかったり、そもそも「ルール」が明確に定まっているとはいえないものであったりしたため、「会社が問題視する対象職員の勤務態度等には強い非難に値するものがないことなどにも照らすと、上司の上記言動は社会的相当性を逸脱するものといわざるを得ない」と判断されています。

　裁判例No.92では、心身の不調の原因ともなった上司である指導教授から、研究室に残ることができるかどうかの条件として、提出義務のない謝罪文の提出を強要されたケースで、これをパワハラに該当すると判断しました。

　「事例編」の「事例12」では、対象社員が「反省している。辞めたくない」と退職する意思がないことを明確に述べているにもかかわらず、合計約2時間にわたって、会議室及び事務室において、「男ならけじめをつけろ」「他の会社に行け」「退職願を書け」などと述べて、繰り返し強く自主退職を迫った行為が、パワハラとされました。

　明確に退職をしないと述べているにもかかわらず、その場で退職届を書くことを強要して、2時間近くにわたり執拗に要求し続けた点が、事実上の強制になると判断されたといえます。

第 **15** 章

「問題社員」に対する対応

1 「問題社員」と「パワハラ」

　本書でも多数の事例を紹介していますが、実際の現場においても、「パワハラ」が問題となった場合に、上司側にのみ問題があるのではなく、**対象社員自身にも、勤務態度の不良、勤務成績の不良、ルールや指示の不遵守など、様々な問題点がある場合**も、多くあります。

　このような問題行動は、対象社員に帰責されるべきであり、これに対して厳しく指導や叱責を行う必要があることも、十分首肯できるところです。

　しかし、このような場合に、改善が見られなかったり、そもそも対象社員自身に改善しようとする意欲が見られなかったり、逆に挑発するような態度を取ったりした場合に、つい上司側も厳しい言葉を発したり、厳しい対応をしてしまい、これがパワハラになってしまうことも多くあります。

　パワハラかどうかは、4つの指標を基準に、総合的に判断されますので、**対象社員に大きな問題があった場合は、それなりに考慮対象とはなるものの、その一事をもって、「パワハラにならない」という結論にはなりません**。

　したがって、パワハラを防ぐためには、まず、こうした「問題社員」にどう対応するのかという点を明確にしておく必要があります。

140

第15章　「問題社員」に対する対応

2 ｜「問題社員」対応

（1）考え方

　問題社員も、「社員」であり、会社とは、雇用契約に基づく指揮命令関係で結びついているというのは、他の社員と同様です。

　会社は、社員に対して、会社の業務の円滑・適正な遂行のために必要な業務命令をすることはできますが、人格や能力、性格を非難したり、制裁を加えたり、負の感情をぶつけることはできません。

　つまり、会社としては、**問題社員に対しては、その問題の原因をしっかり分析し、原因を除去するための対応策を講じ、対象社員に問題がある場合はそれを是正するための適切な命令、研修、指導などを行い、それでも改善しない場合は、退職勧奨、そして最終的には解雇して、雇用契約を終了させる**ということになります。

　これを、**感情的にならずに、粛々と**行っていくことが重要です。

　問題社員といっても、原因を分析すれば、問題点を除去して、有為な人材として活用できる場合も多くあります。ちょっとした考え方の足りない点を研修などで補ったり、必要な視点を身に着けてもらったり、あるいは適材適所の観点から異動してみるなど、様々な活用策もあるものです。

　「何でできないんだ！」と怒る前に、**しっかり事実を収集、確認し、原因を分析し、対策を立て、「適切な」指導や研修を行って**、会社の戦力となる一人前の社員になってもらうことが、第一の目的です。

　したがって、**「問題社員」対策の第一の目標は、「活用」です。**「活用」するためにどうしたらよいか、何が足りないのかを検討し、実施することが必要です。

141

しかし、どうしても改善せず、そのままでは会社の戦力とはならないばかりか、むしろマイナスになってしまう、という場合は、**残念ながら会社を去ってもらうしかありません**。会社は、あくまで仕事をするところであり、会社と社員とは、会社の経営目標達成という共通の目標を達成するために結びついている関係でしかないからです。

　この「会社を去ってもらう」ための手段としては、**まずは、今後の対象社員自身のキャリアや生活に十分配慮して、適切な支援をしつつ、退職を促すという「退職勧奨」**を行うことになります。

　そして、それでも退職をしないという場合は、**無理に退職を強制するのではなく、解雇事由を検討し、解雇事由がある場合は解雇をする**ことになりますし、**解雇事由がない場合は、継続的に教育や指導を行い、その効果を記録しつつ、その状況でもなお社内で戦力となり得る部署や業務内容を検討する**必要があります。もちろん、会社への貢献度や寄与度に応じて、**評価や待遇に合理的な差をつけることは、問題ありません**。

　裁判例でも、こうした「問題社員」に対して、感情的に退職を事実上強制したり、逆に退職は求めない一方で、意味のある仕事はさせず、対処を先送りしていわゆる「飼い殺し」にしてしまったりという場合に、パワハラとされる例が多くあります（詳しくは第13章、第14章をご覧ください）。

　「問題社員」対応を先送りせず、適時、しっかりとした対応をする必要があります。

　研修や指導を行うべき時に行い、人事異動などの対応、退職勧奨、解雇なども、適時に行っていく必要があるのです。

　「問題社員」対応は、**対応を先送りにすればするほど、問題は大きくなります**。

　逃げずに、正しく対応することが、非常に重要であるといえます。

第15章 「問題社員」に対する対応

（2） 「問題社員」の対応手順

「問題社員」に対しての対応の全体フローは次のとおりです。

実際には、③④⑤は順番が前後することはあると思いますが、大きな流れとして、ぜひ頭に入れておいて頂きたいフローです。

特に、**①の問題点や事実関係の把握は、非常に重要**です。これを正しくやらないと、効果的な「**②意識改革・指導・教育**」の内容も確定できませんし、その後⑤懲戒処分や、⑥退職勧奨、⑦解雇に進むときも、本当にそういった対応ができるのかどうか、といった点が不明確になってしまいます。

図表15-1 「問題社員」対応の全体フロー

	①問題点、原因、その他事実関係の把握
	②対象社員に対する意識改革・指導・教育による是正
人材活用の方法を探るステージ	③対象社員に対する、人事評価、不利益なペナルティー等により、是正のインセンティブを与えて、是正を促す
	④人事異動等により、適材適所に基づく再配置を図る
	⑤厳重注意や懲戒処分により、是正を促す
組織と他の社員を守るために、対象社員の排除を図るステージ	⑥退職勧奨による自主退社
	⑦解雇

裁判例でも、前提事実の把握が不十分だったためにその後の対応が違法とされたり（「事例編」の「事例１」）、そもそも退職勧奨をするような「問題」があったとは認められないとされたり（裁判例No.72）、懲戒事

由や解雇事由がないと判断されて懲戒処分や解雇が無効とされてしまうという事例も多くみられます。

また、そもそも叱責自体が、叱責の対象となるような事実が存在せず、「秘密である給与に関する事項を漏らした」として激しく叱責した事案について、そもそもその事項が秘密であるとの指定も説明もされておらず、「秘密である」という事実が存在しないとして、その叱責自体を違法としたものもあります（裁判例No.96）。

また、急病人を救護した後に遅れて出勤した際、看護師長が事情を聴くことなく一方的かつ威圧的に激しく叱責したことが、社会通念上許容される業務上の指導の範囲を超えたものとされた事例（裁判例No.81）のように、一見すれば「遅刻」であるので、叱責対象となる行為についても、事情を聞けば叱責すべきでない事案もあります。

そういう意味では、**最初のステップである「問題点、原因、その他事実関係の把握」は、「問題社員」対応の土台になる**部分といってよいでしょう。

第 15 章 「問題社員」に対する対応

通報者が、個人的な感情で、嫌いな上司を「パワハラ通報」どこまで会社は対応すべき？

　最近では、どの会社も、パワハラ相談窓口やコンプライアンスヘルプラインなどを設けていると思います。私たちの事務所でも、多くの企業の社外通報窓口を受託しています。

　社外窓口／社内窓口を問わず、最近多いのは、パワハラでもないのに、部下が上司からちょっときつく言われたとか、嫌な仕事を指示されたとか、自分の意見を聞いてもらえなかったといったレベルで、「パワハラ通報」をしてくるという事例です。

　もちろん、こうした窓口の性質上、気軽に使ってもらい、ハラスメントかどうかは会社が適切に判断すればよいのですから、インシデントや端緒も含め、広く情報を収集し、「現場の今」を知ることは、経営サイドとしても意味があることです。

　しかし、毎回、「上司の愚痴」のような通報の対応をしなければならなかったり、「窓口に通報したら、嫌な仕事をしなくてよいかもしれない」といった邪な動機で行われる通報に、どこまで対応するか、悩ましいところでもあります。

　第2章でもご説明したとおり、部下から上司へのパワハラも成立し得ますし、部下が上司に対して、パワハラでもないものをパワハラ呼ばわりし、業務指示に従わないといった場合には、それ自体もパワハラになり得ます。もちろん、正当な業務命令に従わないということになれば、マイナス評価や懲戒処分などの対象にもなり得ます。

　したがって、部下が嫌な上司の指示を聞きたくないというような邪な理由でパワハラ申告をし、上司からの命令を牽制するようなことがあれば、まずは会社として「パワハラに該当するかどうか」を明確にし、

第15章 「問題社員」に対する対応

上司からのパワハラがないということであれば、その旨を明確に部下に伝え、上司の命令に従うように改めて指導する必要があります。

　これを曖昧にして、「パワハラと言えば、嫌な仕事はやらなくて済む」というような状況を作ってしまうと、あっという間にモラルハザードが起き、会社の指揮命令系統は破綻してしまうでしょう。

　一方で、パワハラかどうかの線引きは一般的には難しく、情報も錯綜していますので、そうした確信犯ではなく、部下の側の勘違いで、パワハラでないものをパワハラと思い込んでしまっている場合もあり得ます。こうした場合には、形式的に「パワハラではありません」と説明するだけでなく、その機会に、パワハラとは何であるのか、こんな時代の「部下」は言われたことだけをやることを求められているのではなく、心理的安全性が確保された職場で、主体的かつ積極的な結果へのコミットが求められていること（第17章参照）などを説明し、啓発の機会としてもらうとよいのではないかと思います。

第16章 「パワハラ問題」が発生したときの対応手順

1 パワハラ問題が発生したときに、会社が行うべきこと

パワハラが疑われる事案が発生したとき、会社として行うべきことを、大きくフロー図にしたものが、次の図表です。

図表 16-1 「パワハラ問題」発生時の対応の全体フロー

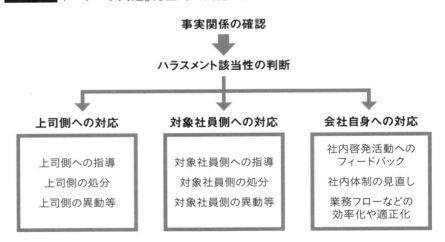

（1）事実関係の確認

会社が何らかの対応を行うに当たっては、**事実関係をしっかり確認する**

第16章 「パワハラ問題」が発生したときの対応手順

ことが第一歩になります（この点については、第15章もご参照ください）。この事実関係の確認をおろそかにし、思い込みで動いてしまうと、取り返しのつかない失敗に繋がります。

　例えば、パワハラでないものをパワハラだと決めつけて、上司側を「指導」してしまったために、**上司側は、委縮したり、リスクを回避する姿勢から、以後は部下をしっかり指導することそのものを放棄してしまった、**というような例も実際に見受けられるところです。

　一方で、パワハラであるものをパワハラでないと決めつけ、その前提で対象社員側に対応してしまい、**その対応自体が、さらなるパワハラとされる**こともあります。

　また、そもそも、パワハラが仮にあったとして、その**原因は何なのかが分からなければ、予防体制へのフィードバックもできません。**あるいは、パワハラでなかったとしても、なぜそのようなすれ違いや誤解が生じたのかを掘り下げずに放置すると、**職場の生産性を低下させ、改善の機会を失う**ことになります。

　ところで、この**「事実関係の確認」**ですが、簡単そうに見えて、実は結構難しく、漏れや抜けがあって、後々に困ることがあります。漏れや抜けを防ぐためにも、**漠然と「事実」を確認するのではなく、4つの指標に従って、1つずつ確認をしていく**ようにすると、意味のある深い事実関係の収集ができます。

　例えば、パワハラだという申告があった場合に、まずそもそもそういった事実や言動があったのかどうか、なかったとしても、そう誤解されるような、近しい言動はなかったのか、といった点をヒアリングし、確定する必要があります。**具体的な言動を、詳細にヒアリングし、確定できる部分と、双方で言い分が違う部分などを、整理して明らかにする**過程です。

　なお、この過程で、**当事者間で言い分が違ったとしても、無理に整合さ**

149

せる必要はありません。どこが争いがない部分で、どこは争いがある部分なのかを明確にできれば、まずはこの時点ではOKです。

　この「具体的な言動」が確定できたら、次に、**指標に従って、より丁寧に事実関係や周辺事情を確認していく**ことになります。確認する内容は、事案によっても異なりますが、代表的なものは、次のようなものです。

指標①：「適正な業務の遂行」を目的としたものかどうか
～負の感情の表現や、不当な目的の完遂などを目的としていないか～

- ・問題とされた言動が、どういう目的でなされたものか
- ・上司側の感情や嫌悪感などは入っていなかったか
- ・入っていたとしても、それと「正当な目的」との比率はどの程度か
- ・突発的になされたものか、それとも反復継続してなされていたものか
- ・そういった言動がなされた背景事情はどういったものだったのか

指標②：内容や態様について「目的達成のための業務上の
　　　　合理的な必要性」があるといえるか

- ・実際に行われた言動が、①で確認した「目的」達成に、合理的に役立つ関係にあるか
- ・回数や程度、期間などが、目的達成のために相当といえるか
- ・具体的な指導や助言になっているか、抽象的な非難になっていないか
- ・具体的な指導や助言になっているとして、それは、①で確認した「目的」達成と結びついているか
- ・業務と合理的な関連性のない「指示」や「指導」がなされていないか

指標③：叱責だけでなく、成長をサポートする言動や体制があるか

- ・日ごろの上司と対象社員との関係
- ・上司の職場での対象社員に対する、日ごろの指導、サポートの内容、程度、頻度
- ・実際に、指導や助言が、対象社員の成長や職場の生産性向上に役立っ

ていたかどうか

指標④：人格攻撃や嘲笑になっていないか

・対象が、対象社員の具体的な行動に向いているか
・対象社員の能力、人格、性格、外見、私生活、趣味嗜好などに対する
非難になっていないか

(2) ハラスメント該当性の判断

上記(1)で収集した**事実関係を基に、ハラスメント該当性の判断**を行う
ことになります。判断に当たっては、**形式的な点や言葉尻を捉えるのでは
なく、指標①～④を総合的に考慮して判断する**ことが必要です。大事なス
テップですので、判断に迷った場合は、弁護士などの専門家に相談すると
よいでしょう。

もっとも、会社としては、**ハラスメントかどうかという問題に白黒をつ
けることが主眼ではありません**。実際の事例でも、第一審と控訴審で判断
が分かれる事案もありますので、微妙な事案では、判断がつかないことも
あり得ると思います。

そうした場合には、無理に判断をすることはせず、**白黒をつけることは
いったん脇に置いておき、ただ、その職場の生産性を維持、向上するため
に、建設的に対応できることはないかを探す**必要があります。その場合は、
パワハラかどうかの判断ができない以上、**処分や不利益なペナルティーな
どは実施できません**ので、関係者への研修や啓発活動と、「会社自身への
対応」が中心となります。

(3) 上司側への対応

上司側の言動に問題があった場合も、他の不祥事や問題行動とは異なり、

頭ごなしに処分や指導をすることは、必ずしも、会社の生産性向上に寄与しないこともありますので、注意が必要です。

上司側が、確信犯的にパワハラをしている場合や、何度か啓発や指導、注意をしているのに改まらない場合などは、パワハラであることを前提に、ある程度厳しく指導をしたり、場合によっては、異動やペナルティーを課したり、評価を下げたり、さらには懲戒処分なども検討することもあり得るでしょう。

しかし、実際に発生する多くの場合は、**上司も部下を指導しよう、あるいは、部署として業績を上げ会社に貢献しようという思いが先走り、つい行き過ぎてしまったり、あるいは、パワハラとは思わずにやってしまったり**、ということもあり得ます。

そのような場合は、マイナス評価や注意、処分といったことよりも、まずは、**その気持ちを評価した上で、何がパワハラになるのかという点や、結局心理的安全性が下がる職場では、十分な生産性も上げられず、かえって逆効果であることなどを、コーチングの観点も含め、啓発する**ことが重要です。

パワハラを防ぐということを優先するあまり、**組織や会社の生産性を必要もなく下げてしまうことは、避けなければなりません。**

なお、パワハラでないのに、パワハラと決めつけ、一方的に、それに対して厳しく指導や処分をした場合は、その対応自体がパワハラとなる可能性もありますので、注意が必要です。

（4）対象社員側への対応

対象社員側にも、実は落ち度や問題があることも、しばしば見られるところです。また、パワハラではないにもかかわらず、些細な上司の言動を「パワハラだ」と騒ぎ立てるような場合には、逆にそういった行為が上司へのパワハラになる可能性もあります（第2章参照）。

また、仮にパワハラになるという場合は、その後の対応について、**対象**

第16章 「パワハラ問題」が発生したときの対応手順

社員の意向を丁寧に聞き取り、その点も踏まえて、その後の対応を検討することになります。

例えば、「上司側を処分してほしい」「上司に注意して適切な職場環境を作ってほしい」「上司には言わないでほしいが、会社には知っておいてもらい、適切なフォローをしてほしい」「上司を異動してほしい」「自分を他の部署に異動してほしい」など、その希望は様々です。

もちろん、**必ず対象社員の希望どおりにする**、ということではなく、あくまで会社の判断で、適切に対応することにはなりますが、対象社員の意向を十分念頭に置きながら、丁寧に進めることが必要です。

（5）会社自身への対応

上司側、対象社員側へのアプローチだけでなく、会社として、**体制の見直しや、社内へのフィードバックなどに繋げ、再発防止や予防を図る**視点も重要です。

また、パワハラであるかどうかにかかわらず、「パワハラ問題」が出てくるということは、社内の意思疎通や業務遂行体制に問題が生じている可能性があります。これらを**丁寧に掘り起こし、業務フローの見直しを行って効率化や適正化を図る**ことは、会社の経営目標達成という大目的を達成することに繋がります。

あまりに近視眼的に、**個々のパワハラに対応し、防止することだけに目を奪われず、会社全体の業務の適正化や生産性の向上といった、本来の目的に立ち返って、フィードバックをしていく**とよいでしょう。

2 | 事例で見る 「パワハラ対応」の注意点

実際の事例で、「パワハラ対応」を考えるに当たって参考になるものを、

いくつか見てみることにしましょう。

【事実関係の調査方法が不適切だった事例】

　裁判例No.16では、同僚や直属の上司である係長から、集団でいじめを受け、対象職員が自殺したという事案で、いじめ行為は、パワハラと認定されています。ところで、対象職員は、労働組合にいじめの事実を申告し、労働組合主導でヒアリングをしたところ、対象職員から、詳細ないじめの事実が述べられました。

　その後、対象職員は欠勤したため、引き続き調査を行うこととなり、上司である課長は、いじめに加担していたことが疑われる直属の上司である係長に、職場内で他にいじめを見聞きした者がいないかという調査を行わせました。この係長は、「いじめの事実は確認できなかった」と報告をしました。

　判決では、このような調査の不備も指摘され、使用者である川崎市の責任も認められることになりました。

【パワハラの事実を把握せず放置していたために使用者の責任が認められた事例】

　裁判例No.52は、海上自衛隊の護衛艦内で、上司による部下に対する、平手での頭の段打、足蹴り等の暴行行為、及び、艦内に持ち込んだ私物のエアガンでの撃つなどの行為について、パワハラと認定し、またこれらの行為を知りながら適切に対応しなかったその上司についても、不法行為に当たるとしました。

　そもそも、職場である護衛艦内にエアガンを持ち込んでいる状態を、結果的に放置してしまったことに大きな問題がある事案ですが、いずれにせよ、反復継続して長期的に行われていたこうした行為につき、上司も知りながら適切に対応していなかったことから、使用者（国）の責任も認められています。

154

第16章　「パワハラ問題」が発生したときの対応手順

　パワハラ傾向があり、部下に対して厳しく当たる傾向のある上司については、こうした不適切な言動がなされていないか、チェックも必要です。

　定期的なアンケート調査なども含め、広く現場の情報を収集する取り組みも、必要といえます。

パワハラ事案発生時の「事実関係の確認」は難しい？

　社員Aから、「B部長からパワハラをされました。自席で仕事をしていたら、『おいA！何だこれは！お前ふざけてんのか、ちょっと来い！』と言われ、会議室に連れていかれて、『お前ナメてんのか、こら』『殺すぞ、お前』『お前バカなのか。こんな仕事もできないようなら、今すぐその窓から飛び降りろ。目障りだ！』と感情的に30分くらい、ひたすら怒鳴られました」という申告があったとしましょう。

　第15章や第16章でもお話ししたとおり、こうした場合、まずは先入観を持たず、4つの指標を念頭に、事実関係の確認をすることが大切です。

　そこで、早速、B部長にヒアリングをしたところ、B部長からは、「いやいや、そんなこと言ってませんよ。確かに、何度も同じ間違えをして反省の色がないので、ちょっと厳しく指導はしましたが、節度を持って話しましたよ」という回答がありました。

　さて、皆さんなら、この後どうしますか？

　皆さんは、警察官として犯罪捜査をしているわけではありませんので、「厳しい取り調べ」をすることは仕事ではありません。むしろ、決めつけてそんなことをしたら、それがかえってパワハラになってしまいます。

　こういうときは、まず、「詳細な事実関係の確認」です。何時何分に会議室に入って、何時何分に出てきたのか、その場では、具体的にどういう言葉を話したのか、それに対する相手の反応はどうだったのか、なぜ30分という長い時間になったのか、叱責の後は普通に自席に戻って仕事をしたのか、その時の様子はどうだったのか、日ごろの関係や

言動はどうだったのかなど、「細かい事実関係を、可能な限り具体的に」聞き取って、記録に残し、本人にも確認をしてもらうことです。ポイントは、発言者の言い分を否定する必要はありませんので、言われたとおり記録に取ればよいのですが、最大限「具体的に」聞き取りをすることです。

その結果、話に不自然な点等が見えてくると、事実が推認できることになります。また、後日改めて同じ質問をしてみるのもよいでしょう。とっさのウソは、その場では何とか取りつくろえても、数日経てば忘れてしまうので、「一貫したウソ」をつき続けることは困難です。前と話が変わっていれば、その部分の信用性は格段に下がることになります。

他にも、周囲の人物へのヒアリングと記録化も欠かせません。もし、本当にこんなことを言うような部長なら、日ごろからパワハラ言動があるはずです。それを周囲の方々にヒアリングしてみることも効果的です。また、会議室に行く前と、出てきた直後の様子なども、周囲の方にヒアリングするとよいでしょう。

もちろん、これらは、先入観なく行わなければなりませんので、「勘違い」の可能性、Ａさんが嘘をついているか「話を盛っている」可能性なども含め、何も決めつけず中立公正にヒアリングすることが大切です。

パワハラは、それを主張する者がその事実を立証しなければならないのが原則です。裁判例の中にも、社員が主張するような「パワハラ」が存在したとは立証されていない、としてパワハラを否定した事例も多くあります（裁判例No.50など）。

警察官でもない皆さんにとって、事実調査の最大の武器は、「詳細な具体的事実の聞き取り」と、「その記録化」です。

パワハラ事案の調査は、色々と気を遣うところですが、これを忘れずに進めてもらえればと思います。

第 **17** 章

なぜ、パワハラを
防がなければならないか？
企業や組織の生産性向上と
経営目標の実現

1 │「パワハラ」対策に不可欠な「第2の視点」

　ここまで、違法な「パワハラ」についての線引きに焦点を当てて、裁判例を基に、４つの指標を解説してきました。

　本章は、いったんその点を離れ、**そもそもなぜパワハラを防ごうとしているのか**、パワハラではなければ、どんな指導の仕方をしてもよいのか、という点に焦点を当ててお話をしようと思います。

　つまり、第１章で解説した、「違法なパワハラかどうか」ではなく、「**パワハラでないとしてそれが適切かどうか**」の方に焦点を当ててご説明したいと思います。

2 │パワハラを防がなければならない本当の理由

　現在、多くの企業で、パワハラを防ぐための各種の取り組みが行われています。担当部署の方々は、パワハラ研修を実施したり、Ｅラーニングを準備したり、試行錯誤しながら取り組んでおられると思います。

| 第17章 | なぜ、パワハラを防がなければならないか？
企業や組織の生産性向上と経営目標の実現 |

ところで、「なぜ、パワハラは防がなければならない」のでしょうか？

なぜ、皆さんは、一生懸命にパワハラを防ごうとしているのでしょうか？

そもそも、何のために「パワハラ研修」をやっているのでしょうか？

パワハラ防止法ができたからでしょうか？

人的資本経営が求められているからでしょうか？

これらは、答えの1つではあるかもしれませんが、本質ではありません。

パワハラ研修をすると、特に昭和世代の皆さんからは、必ず「いや、昔はもっとひどかった」「私が新人の頃は、普通に殴られたり、怒鳴られたり、完璧ブラックな会社でしたよ」などという発言が出てきます。それも、どちらかというと、ネガティブではなく、「昔は良かった」といったニュアンスになるところが、興味深いところです。

そして、最後にこういうつぶやきが聞こえてきます。

「なぜ、昭和時代にはOKだったことが今はNGなのか？」「だいたい、今の若者は甘やかされている」

現代と昭和では、共通点もあり相違点もあります。

中でも、大きな相違点であり、今、パワハラを防がなければならない理由となる大きなものは、次の3つであると考えます。

（1） 労働環境の変化

現代は、**労働人口がどんどん減少**しており、日本国内で働き手が不足しています。生産年齢人口の減少速度は加速度的に早くなり、このままでいくと、2040年には、1,100万人の働き手が不足するとのリクルートワーク

159

ス研究所の試算もあります。つまり、**今の日本にとって、最も不足している資源の１つは「人」**だといえます。

昭和時代と今の違いを、次のようにまとめてみました。

図表 17-1 労働人口増加時と減少時の対比

労働人口が増える これまでの時代	労働人口が減る これからの時代
・採用は容易で、代替要員確保も容易 ・成績優秀者を評価し、成績の良くない社員はリストラするか閑職につける ・早く会社に貢献できる人間を優遇する ・心理的安全性よりも、ノルマ達成を優先し、ついてこられない社員は入れ替える	・採用は困難で、優秀な新人や中途も絶対数は減少 ・女性も含め、多様な働き手の力を引き出す必要がある ・成績優秀者でなくても、育成し、活用できる方法を考える ・晩成型の社員も、長い目で育てる ・心理的安全性を高め、広く社員全員が、自分の持っている力を最大限に生かせる環境が必須 ・社員一人一人を大切にし、能力ややる気を引き出し、最大限活用し、それを組織の活力と成長力に使っていかなければならない

「人」を大切にした経営をしなければならないのは昔も今も変わりませんが、これからは、さらに、**「人」を限りある資源として大切に「活用」できる企業が、事業を成功させる**といえます。

図17-1の「労働人口が増えるこれまでの時代」のような人事の考え方では、早晩、事業が行き詰まるか、本当に創意工夫ができる優秀な社員が辞めてしまって、そうでない社員ばかりが残ることになりかねません。

時代が変わったから、「人的資源」に対する考え方も変える必要がある、ということなのです。

160

第17章　なぜ、パワハラを防がなければならないか？
企業や組織の生産性向上と経営目標の実現

（2）仕事に求められる質の変化

　これまでの時代は、イノベーションもありましたが、大量生産大量消費に裏づけられた、成長の時代。みんなと同じことを、より精度が高く、より効率的に行えば、売上も利益もある程度伸ばすことができました。しかし、現代は、人口減少、多品種少量生産、高付加価値経営などが求められる時代です。

　また、新しい技術や、プラットフォームが次々と出現し、成長を維持、加速しようとすれば、常にイノベーティブなチャレンジが要求されます。

　そうすると、**以前は、進むべき道がある程度明確で、号令一下、チーム全員が同じ方向に全力で進んでいくことで成功できるイメージ**でしたが、現代では、**誰も正解を知らない中で、チームの構成員それぞれが工夫とイノベーションを起こしつつ、トライアンドエラーを繰り返しながら、正しい道を「一緒に探していく」**ことになります。

　このような時代背景を念頭に置けば、仕事に求められる質についても、図17-2のように変化しているといえます。

図表 17-2　仕事に求められる質の変化

	正解のある これまでの時代	正解のない 変化の時代
優秀なチーム	早く、安くミスがない	模索・挑戦し、 失敗や実践から学べる
必要な人材	言われたことが きちんとこなせる	変化を感じ、工夫や 創造することができる
コミュニケーション	トップダウン	様々な視点からの 率直な対話
指導方法	ノルマと恐怖とインセンティブ	サポートし、一緒に課題を 解決する伴走者
目標設定	結果の数値目標	社会的に意義があり 良い結果を生むもの

161

（3） 上司に求められる質の変化

　このように、労働環境が変わり、仕事に求められる質が変化した以上、**上司に求められる役割も変わってきます。**

図表 17-3 上司に求められる役割の変化

	正解のある これまでの時代	正解のない 変化の時代
上司とは	・ 正解を持っている人 ・ 命令する人 ・ 部下に結果を要求し、パフォーマンスを評価する人	・ 進むべき方向性を明示する人 ・ 部下の考え方や意見を引き出し、進むべき方向性に磨きをかける人 ・ 絶えず学習し、自分の知らないことを知ろうとし、知識や経験を共有する人 ・ 部下の自主的で創造的な意見や発想を引き出す人
部下とは	・ 指示どおりに行動する人 ・ 要求されたパフォーマンスを出す人	・ 貴重な知識と知恵を持つ貢献者

　これまでの上司は、進むべき答えを知っており、その答えに向けて、部下を統率し、一丸となって同じ方向に向かわせることが重要であったといえます。そして、部下は、上司の言うことを正しく実践し、指示された業務を高パフォーマンスで遂行することが期待されていたといえます。

　一方、現代の上司は、進むべき大きな方向性を示し、そのためにどういう工夫をすればよいか、効率的に生産性を上げるために何をすればよいかを、**チーム全員で考え、チームの自由で建設的な議論と発想を引き出し、伴走して、部下がパフォーマンスを上げるように支援**をしていくことが期待されます。

第17章　なぜ、パワハラを防がなければならないか？
企業や組織の生産性向上と経営目標の実現

このように、労働環境も、仕事に求められる質も、上司に求められる役割も、全てが変わってきている現代において、人的資源を有効に活用し、チームの生産性を最大化し、事業と会社を発展させ、経営目標を達成するためには、**パワハラがあるような「心理的安全性の低い」職場ではだめ**なのです。

むしろ反対に、パワハラが発生するような職場環境を改善し、心理的安全性が高くて発言や発想が自由にでき、それでいて、求められる仕事の質は高く、建設的で闊達な議論ができる、**生産性の高いチーム、職場、会社を作っていく**ことが必要です。

そのために、私たちは、パワハラを防止しようとしているのです。

3 違法な「パワハラ」を 防ぐだけでよいのか？

違法な「パワハラ」は防がなければなりません。これは、法律で禁止されているものでもありますし、自社で働く社員たちが、違法なパワハラによって就業ができなくなったり、生産性が下がったり、会社から去って行ったりするのは、会社にとって損失でしかありません。

そして、本書をここまで読み進めて頂いた皆さんにとっては、違法な「パワハラ」かどうかの線引きを見極めることは、それほど難しいことではなくなっているのではないかと思います。

ただ、次の問題として、**違法な「パワハラ」でなければ、何をやってもいいのか、**ということがあります。

もちろん、法律上は、違法な「パワハラ」でなければ、どんな指導や命令、叱責をすることも可能です。

しかし、労働環境が変わり、そして何より仕事に求められる質や上司に

163

求められる質が変化した現代においては、**上意下達で上司の言うことを忠実に再現し、効率よく仕事をこなしていくだけの部下を育成してしまうと、やがては組織全体の成長が止まり、部署としての、あるいは会社そのものの存続が危ぶまれる**ことにもなりかねません。

　パワハラを防ぐ目的は、心理的安全性を高め、積極的、自発的で、創意工夫のある、生産性の高い組織を作ることです。**上司としては、もし自分の職場が、部下は言われたことだけをやるのではなく、一人一人がチームの目標に積極的にコミットし、積極的に創意工夫をし、上司自身も思いつかないような工夫ややり方を編み出し、結果としてチーム全体が、想定を超える大きな結果が出せる場所だったとしたら、それは夢のような職場ではないでしょうか？**
　そんな職場と、パワハラのある職場は、対極にあります。ですから、まず、パワハラはなくさなければなりません。
　そして、パワハラをなくすだけではなく、さらに進んで、**心理的安全性を高め、そのような「夢の職場」の実現を目指すことが、パワハラ防止の真の目的**なのです。

4 心理的安全性の高い職場での社員一人一人のコミットのモデル

　職場で、ミスや事故が発生したとしましょう。
　その際に、恐怖と力で押さえつけるやり方のモデルケースが、図17-4です。厳しく叱責したり、ペナルティーを課すことで、職場は硬直化し、「余計なことはしない」「自分の業務範囲以外のことはしない」「何か問題の端緒があってもなるべく伝えずに先送りする」、といった職場を作ってしまうことになります。その結果、更なる事故や、もっと重大なミスが発生することになります。

図表 17-4 心理的安全性の低い職場のモデルケース

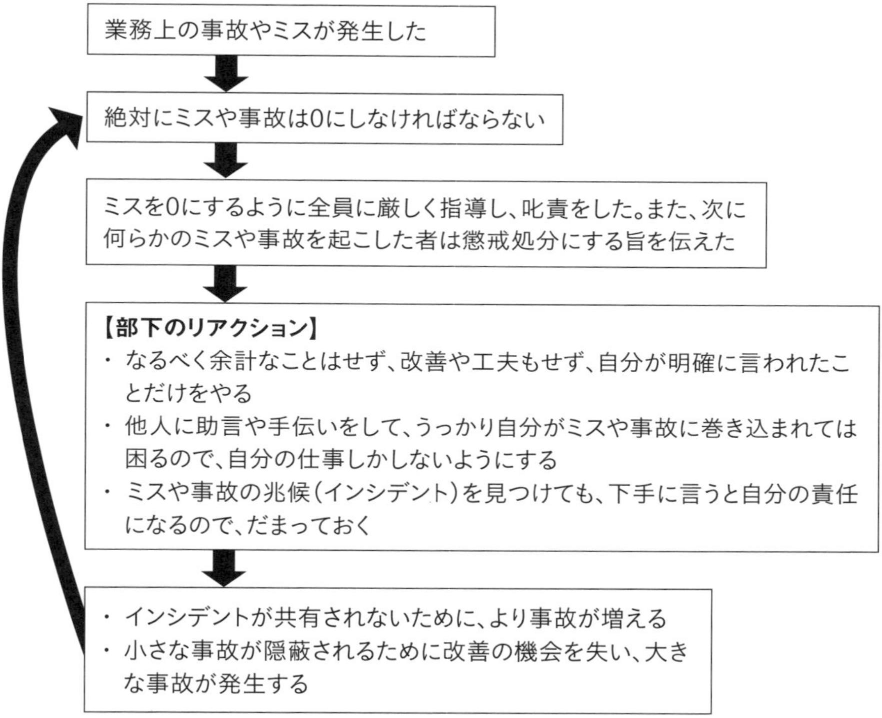

```
業務上の事故やミスが発生した
         ↓
絶対にミスや事故は0にしなければならない
         ↓
ミスを0にするように全員に厳しく指導し、叱責をした。また、次に
何らかのミスや事故を起こした者は懲戒処分にする旨を伝えた
         ↓
【部下のリアクション】
・なるべく余計なことはせず、改善や工夫もせず、自分が明確に言われたこ
  とだけをやる
・他人に助言や手伝いをして、うっかり自分がミスや事故に巻き込まれては
  困るので、自分の仕事しかしないようにする
・ミスや事故の兆候（インシデント）を見つけても、下手に言うと自分の責任
  になるので、だまっておく
         ↓
・インシデントが共有されないために、より事故が増える
・小さな事故が隠蔽されるために改善の機会を失い、大き
  な事故が発生する
```
（ループして「絶対にミスや事故は0にしなければならない」に戻る）

　一方で、心理的安全性が高く、積極的な発言ができる職場のモデルケースが、図17-5です。こうした職場では、社員が自発的に、より顧客に対して高い満足感やレベルの高いアウトプットを提供するためにどうしたらよいかを、各自が創意工夫し、高め合いながら、自発的に発展することができます。

　こうした職場では、チーム全体のパフォーマンスが上がり、結果として、チームの目標や会社の目標を達成することができます。

図表 17-5

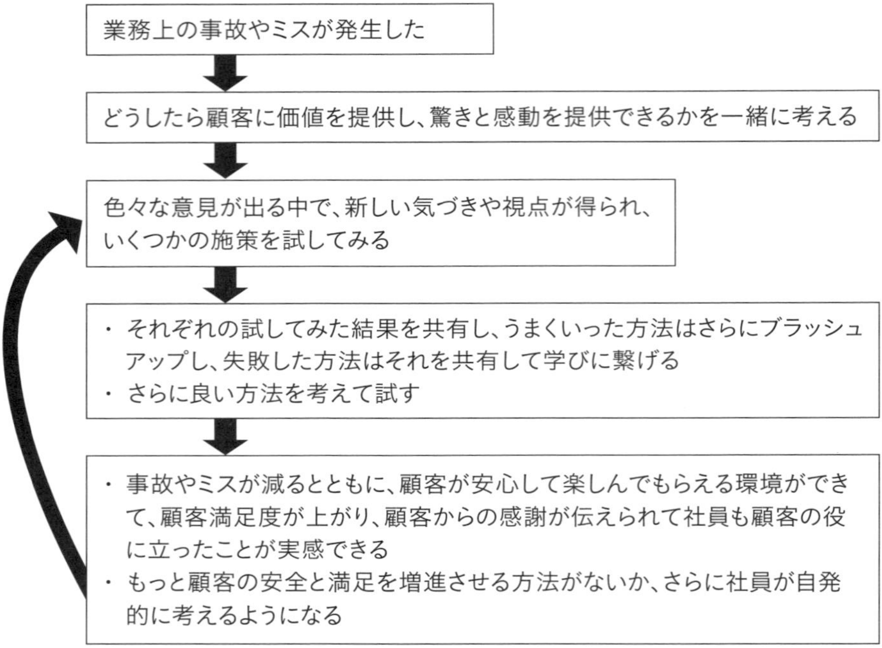

業務上の事故やミスが発生した
↓
どうしたら顧客に価値を提供し、驚きと感動を提供できるかを一緒に考える
↓
色々な意見が出る中で、新しい気づきや視点が得られ、いくつかの施策を試してみる
↓
・ それぞれの試してみた結果を共有し、うまくいった方法はさらにブラッシュアップし、失敗した方法はそれを共有して学びに繋げる
・ さらに良い方法を考えて試す
↓
・ 事故やミスが減るとともに、顧客が安心して楽しんでもらえる環境ができて、顧客満足度が上がり、顧客からの感謝が伝えられて社員も顧客の役に立ったことが実感できる
・ もっと顧客の安全と満足を増進させる方法がないか、さらに社員が自発的に考えるようになる

5 心理的安全性の高い職場は、「ヌルイ職場」なのか？

このようにお話ししてくると、**「心理的安全性を高めるには、怒ったり、厳しくしたりしないで、いつでも部下に優しく接していればいいのか」**と思う方もいるかもしれません。しかし、これは、誤りです。

心理的安全性が高いことは、「何をやっても怒られない、結果を出さなくても安心していられる、ヌルイ職場」を作ることではありません。

この相関関係を表したのが、図17-6です。

第17章 なぜ、パワハラを防がなければならないか？
企業や組織の生産性向上と経営目標の実現

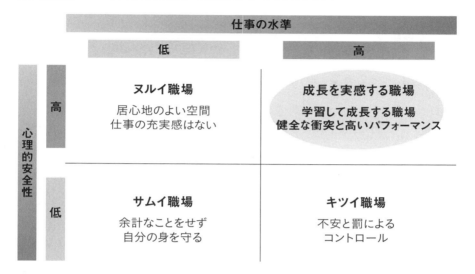

図表17-6 心理的安全性と仕事の要求水準のマトリックス

　この中で、会社は、当然**「成長を実感する職場」を作る必要があります。**心理的安全性は高いが、要求水準は低いという「ヌルイ職場」では、結局のところ、**優秀な社員や向上心のある社員は、「この職場では成長できない」と考え、会社に見切りをつけて、早々に転職してしまう**でしょう。
　優秀な社員や向上心のある社員が辞めてしまい、居心地のいいヌルイ職場が好きな社員だけが残ったら、もはや、その会社に未来はないといえます。
　2021年にリクルートワークス研究所が実施した調査では、興味深い傾向が見て取れます（図17-7）。ここでは、いわゆる心理的安全性が低い職場が右側であり、心理的安全性が高い職場（関係負荷が少ない職場）が左側になります。心理的安全性が低い職場である右端から、徐々に心理的安全性が良くなっていく、つまり左側に移行するにつれて、退職希望者も減っていきます。ここまでは、理解できますね。
　しかし、左端の「ゆるいと感じる」職場では、退職希望者の割合は最大の57.2％になってしまいます。

これは、**あまりにゆるい職場だと、優秀な社員や向上心のある社員は、これ以上自分が成長できないと考えて、もっと成長できる職場を探して転職してしまう**、という傾向と読み解くことができます。

図表 17-7　「ゆるい職場」からは人材流出が起こる

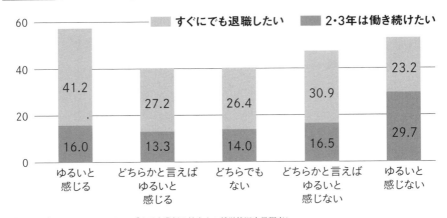

出典：2021年リクルートワークス　「大手企業新入社会人の就労状況定量調査」

　したがって、**心理的安全性は高いが、要求水準も高いという、「成長を実感する職場」をどう構築するかが、会社やチームとして、最も重要**な点となります。

6　会社（職場、部署）のあるべき上司と部下の関係をデザインする

　このように、違法な「パワハラ」を防いだとして、さらに、心理的安全性を高めつつ、仕事の要求水準の高い職場をどう作るか、ということが重要になるのですが、ここは、「違法なパワハラ」ではない以上、**各社の社風や業種、経営理念、労働市場の状況などを踏まえ、独自にデザインする**

第17章 なぜ、パワハラを防がなければならないか？
企業や組織の生産性向上と経営目標の実現

ことになります。

　違法な「パワハラ」については、防止し排除するというのは、どんな会社でも同じ目標となりますが、**「適切な指導」を行い、「成長を実感できる職場を作る」という点については、各社ごとに正解が異なる**のです。

　このデザインを適切に行うことが、会社のさらなる飛躍のために、不可欠です。

　パワハラ防止ばかりを考えてしまうと、「パワハラを0にする」ことばかりに目が向いてしまい、結果として、パワハラは0になったものの、硬直した職場、あるいはヌルイ職場ができあがってしまうということになりかねません。

　自社あるいは部署の状況を踏まえ、**適切なバランスをデザインし、それに基づいて、「パワハラ予防」や「上司と部下のかかわり方」を決め、それを啓発し、広めていくこと**が必要なのです。

7 ｜「デザイン」を活かす具体例（叱責）

　1つだけ例を挙げて考えてみましょう。

　例えば、「失敗したときに叱責するかどうか」という命題をどう考えるでしょうか？

　もちろん、叱責すべき失敗もあるでしょうが、**失敗したら必ず厳しい叱責が待っているというのでは、新しいチャレンジや工夫をしようとする人は、いなくなってしまいます。**なぜなら、新しいチャレンジや工夫には、多少の失敗はつきものだからです。

　他方で、**どんなに失敗しても怒られないのであれば、仕事の緊張感も失われ、いつの間にか「ヌルイ職場」ができあがってしまう**ことになります。

169

叱責については、3つの種類に分けて考えるとよいでしょう。

エイミー・C・エドモンドソン著（野津智子訳／村瀬俊朗解説）『恐れのない組織 ——「心理的安全性」が学習・イノベーション・成長をもたらす』（英治出版 2021年）を参考に、図17-8に分類していますので、こちらを参照してください。

図表 17-8 失敗の種類と叱責するかどうかの判断

	回避可能な失敗	複雑な失敗	賢い失敗
定義	既知のプロセスから逸脱し、望まない結果が起きること	出来事や行動が予想外の特異な組み合わさり方をして、望まない結果が起きること	新たなことを始めて、望まない結果に終わること
原因	行動・スキル・注意の欠如	複雑さ、多様性、かつてない要因	不確実性、リスクを取ったチャレンジ
例	機械の操作ミスや事務手続の不注意・手順違反による事故や不祥事	複雑な治療における医療事故や、複雑な手順と手続を経て実施する機械の操作など	新製品の設計や開発 新しい企画
生産的な対応	・トレーニングをする ・再トレーニングをする ・プロセスを改善する ・システムを再デザインする ・非難されるべき手順違反や同じミスの繰り返しがあった場合は、懲戒等のペナルティーを課す	・多角的な失敗分析を行う ・対処すべきリスク要因を特定する ・システムを改善する	・失敗（失敗の原因を共有して次に繋ぐ経験を得たことや、やめるべき事業を早期にやめられたことなど）を称賛し、評価する ・原因や結果についての「研究と分析」（「失敗の調査」ではない）を行い、成功への要素を抽出する ・ブレーンストーミングを行い、新たな仮説を立てる ・次のステップ又は追加の試みをデザインする

※事前に明確にされていない基準で処罰したり、低い評価をすることは、職員を委縮させ、過ちを認めない組織にし、心理的安全性を損なう可能性がある点に注意が必要。
※間違いや他人と違う意見を持つことは構わない。ただし、出てきた結果から積極的に学ぶことが条件。

第17章 なぜ、パワハラを防がなければならないか？
企業や組織の生産性向上と経営目標の実現

1つ目の失敗は、新しいチャレンジをして、しっかり計画を立て、分析をしてから臨んだにもかかわらず、残念ながら良い結果が得られなかった、というのが「賢い失敗」です。**この類型の失敗に対しては、叱責するのは逆効果です。**むしろ、チャレンジを褒めるとともに、失敗の原因を分析し、次のチャレンジの成功率をあげることに寄与できれば、それで十分といえるでしょう。こういった**「賢い失敗」をむしろ褒めることができれば、その職場の心理的安全性は飛躍的に向上する**といえます。

2つ目は、確かに担当者のミスや過ちが原因にはなっているのですが、人間はだれしも過ちがあるものです。非常に複雑な手順や処理を1人が行っているといったような場合は、そのシステムや業務フロー自体が、こうしたミスが起きるリスクを内在しているといえます。したがって、よりミスが少なくなるように、**システムやチェック体制を見直すべきであり、ミスをした個人に帰責することは、かえって問題点を見誤り、同種のミスの再発防止にはならない**といえます。

3つ目は、単純なミスです。チェックのミス、ルールの不遵守、手順違反等がこれに当たります。これらは、事前にきちんと告知や教育がなされているにもかかわらず、故意や不注意で発生したというような場合、**厳しく叱責することもあり得ますし、相応の低い評価を行うことは、むしろ必要です。**そうでないと、きちんとやっている他の社員が「正直者がバカを見る」ことになり、かえってモラルハザードが起きる可能性もあります。

このように、**失敗の原因や種類を冷静に分析し、それに対してどのように対処するかを判断することが、重要**といえます。

8 心理的負荷を低くし、要求される仕事の水準を上げるには

結局のところ、**合理的な目的意識がないまま、不必要に激しく叱責したり、感情的になったりすることは、単に心理的負荷を増大させ、心理的安**

全性を下げる効果しかありません。

　本来、上司が部下に対して持っている権限は、会社の業務を円滑・適正に進めるためのものであり、会社の経営目標を達成するためのものです。そのためには、怒鳴ったり感情的に叱責する必要はなく、注意すべきことは注意し、叱責すべきことは叱責し、応報的に評価は公正に行い、それでも是正されず、業務に支障がある場合は、最終的には退職勧奨や解雇などの出口を探すしかありません（詳細は、第15章をご参照ください）。

　これらを、怒鳴ったり、机をたたいたり、感情的になったり、侮辱したりせず、冷静に行っていくことができれば、結果として、**パワハラは起きませんし、心理的負荷は低く、しかし要求水準の高い職場を作ることができる**はずです。

9 ｜ 厳しく怒ること、の「逆効果」

　違法な「パワハラ」にはならないとして、なお、どの程度厳しく叱責をするかという点は、先に述べたとおり、各会社や職場によって異なりますので、それぞれが、適切にデザインすることになります。

　もっとも、**一般的には、「厳しく叱責する」効果は、あまり大きくない**と考えられています。理由は2つあります。

　1つ目は、怒られた方は、怒った方に比べて、**ネガティブな感情**を抱く割合が圧倒的に高く、しかも、厳しく怒られたり、名誉感情や自尊心を傷つけられた場合は、**かなり長期間それを覚えている**ものです。

　一方、怒った方は、ネガティブな影響は少ないですし、怒ったこと自体もそれほど長く覚えていません。

　つまり、**「厳しく怒る」ことは、怒られた方にネガティブな感情を長期**

| 第17章 | なぜ、パワハラを防がなければならないか？
企業や組織の生産性向上と経営目標の実現 |

間持たせるリスクがあります。当然、心理的安全性は下がりますし、生産性やモチベーションにも悪影響を及ぼします。そうすると、**そもそもの目的である、「心理的安全性を高め、積極的、自発的で、創意工夫のある、生産性の高い組織を作る」ためには、完全に逆効果**となってしまいます。

　だからといって、**怒ってはいけない、ということではありません**。ただ、「厳しく怒る」ことは、生産性の向上やモチベーションの維持、心理的安全性の確保という観点では確実にマイナスです。そのような**マイナスのコストを支払ってでも、なお、ここで厳しく叱責しておく必要がある、というやむを得ない場合には、しっかりと怒るという、メリハリが大切**です。怒られた方も、いつも怒鳴られているとだんだん慣れてしまいますが、本当に大切な時にはしっかりと怒られるということであれば、叱責を受けたことで、自覚を持つきっかけになるかもしれませんし、少なくともその意味を考えるのではないでしょうか。

　2つ目の理由は、厳しく怒ると、当然誰しも怒られたくはないので、「どうしたら怒られずに済むか」に自然と興味が向かってしまい、**「怒られないためにどうしたらよいか」を第一目標として仕事をするようになってしまいますので、何かを創意工夫しようとか、チャレンジしようという方向へ注意が向かなくなってしまいます**。その結果、「○○課長が気に入る企画書の書き方」がマニュアル化されたり、「今日の○○課長の機嫌が悪そうだから、決裁は来週にしよう」といった「忖度」が働くという、本末転倒も甚だしいことになります。このようなことに貴重な人的資源を浪費したり、時間を浪費して業務のスピードが落ちたりということがあれば、その部署、あるいは会社のためには全くならないことになってしまいます。

　したがって、**「厳しく叱責する」ことは否定されるわけではありませんが、叱責する前に、そういった「コスト」を払ってでも、ここはしっかりと厳しく叱責して問題点を自覚してもらうべき場面なのかどうかを、しっかり検討する必要があります。**

心理的安全性と会社の未来

　第17章では、心理的安全性を高め、積極的、自発的で、創意工夫のある、生産性の高い組織を作ることが「パワハラ対策」のゴールであり、会社の目指す方向であることをご説明しました。

　心理的安全性の大切さは、昨今色々なところでいわれています。では、実際には、どのような場合に、心理的安全性の効用があるのでしょうか？

　例えば、昨今の日野自動車の検査データ不正事件では、第三者委員会の報告書において、その原因がいくつか指摘されています。報告書の挙げる大きな理由の1つとしては、「パワハラ体質」が指摘されています。心理的安全性が低く、問題を問題と言えない社風、上司に絶対的な服従を求められ、過去の前例を踏襲することが要求され、自分の仕事だけを問題なくこなしていれば、会社の経営課題に関して問題があったとしても、「余計なことには触れない」雰囲気が醸成されていたことなどが、挙げられています。心理的安全性の欠如は、不祥事や事件、事故を招くのです。

　1977年に濃霧で視界の悪いテネリフェ島の空港で、滑走路上にパンナム機がいたにもかかわらず、管制塔の指示を誤認して、KLM機が離陸滑走をはじめたため、両機が衝突炎上し、死者583人を出す航空事故史上最悪の事故が発生しました。これは、KLM機が管制指示を聞き間違えたことが直接の原因ですが、副機長は機長に対し、管制塔は離陸を許可していないのではないかという疑問を述べたにもかかわらず、機長は離陸を指示しました。副機長も機関士も疑問を持ちましたが、ベテランの機長の言うことにそれ以上異を唱えることができず、離陸

滑走を開始して、大惨事を招いてしまったのです。

　この事故の原因は、結局のところ、副操縦士も機関士も、機長に反論や意見ができなかった「心理的安全性の欠如」だといわれています。

　心理的安全性が欠如すると、事故や不祥事が起きることになります。

　一方で、「トイ・ストーリー」シリーズの大ヒットから次々とメガヒットを飛ばし続けたピクサー・アニメーション・スタジオは、その秘密を「ブレイントラスト」にあるとしています。この「ブレイントラスト」とは、映画の製作過程が進む都度、監督をはじめ関係者が集まって映画を視聴し、遠慮なく意見を述べて、改善点を探すという仕組みです。これがうまくいったことによって、トイ・ストーリーも、2作目以降が「駄作」になることを回避できたといわれています。

　このブレイントラストでは、①意見は建設的なもののみを述べ、個人ではなくプロジェクトについて述べること、②意見を述べる自由はあるが、最終判断は監督が行うこと、③意見はあら探しではなく共感の観点から行うこと、という3つのルールがありました。

　このようなルールで自由に建設的な意見を述べ合うことが、クリエイティブな業種において、大成功をもたらしたといえます。

　変化が激しく新しい挑戦が求められる時代。心理的安全性を実現できるかどうかが、会社の未来を左右するといってもよい時代に、私たちは生きているといえるでしょう。

第18章

おわりに
パワハラを防いだその先にあるもの

　いよいよ、「解説編」は、最終章になりました。

　ここまで読み進めて頂いた皆さんは、もう、「パワハラの海」で漂流することはなくなっているのではないかと思います。

　私は、毎年かなりの本数のハラスメント研修を企業様に行っています。また、当事務所が提供する「人事労務バックアップサービス」や「社外通報窓口サービス」などで、「パワハラ事例」に触れることが多くあります。

　ある会社のハラスメント研修に行ったときのことです。参加した社員の皆さんは、管理職も、一般社員も、非常に熱心に話を聞いて頂き、質問も多数頂きました。

　それ自体はいいことなのですが、どこか空気感が変です。何というか、重い感じ、あるいは閉塞的な感じが漂っています。私は、なぜこんなに真剣に聞いて頂き、質問もしてもらっているのに、このような閉塞感を感じるのか、疑問を持ちました。しかし、その後、質疑応答を受けたり、セミナー後に人事担当者と話をしているうちに、疑問が氷解しました。

　この会社では、上司と部下の関係が良好ではなく、いわゆる「心理的安全性」も低く、生産性も低い状態にありました。そして、**上司は、どこまで部下に厳しくやっても「パワハラ」にならないかを理解し、自分がパワハラと責められない範囲で、厳しく部下を指導したいと思っていた**のです。また、**一般社員の方も、パワハラの意義を正確に理解し、もし上司が「パワハラ」をしたら、すぐにでもそれを通報窓口などに通報し、上司に「一矢報いてやろう」と思っている**ようでした。

176

第18章	おわりに パワハラを防いだその先にあるもの

これでは、**いくらパワハラ研修をやったとしても、目的である「心理的安全性を高め、積極的、自発的で、創意工夫のある、生産性の高い組織を作ること」は、達成されるはずはありません。むしろ、研修をやればやるほど、ギスギスした職場になってしまう**ことになります。

　上司と部下は、敵同士ではありません。
　共通の会社や組織の目標を達成するために、協力し、役割分担をする、「仲間」です。

・上司は、部下の能力と生産性を引き出すためのサポートと伴走を行い
・部下は、自分の持っている能力や創造性を最大限発揮し
・お互いに自由に発言ができる「チーム」として目標に向かって最大限の
　パワー（生産性）を発揮し
・「チーム」としてリーダーが下した決定には従いつつ
・創造的な失敗を恐れない、「挑戦」を続けていく
・そして、その結果、「卓越した成果」を実現し、自分たちのチームに誇
　りを持って、また新たな仕事に取り組むことができる

　そんな職場を作ることが、パワハラ研修やパワハラ防止施策の本当の目的であり、私たちの目指すところなのです。

　そんな視点で、上司側からと部下側から、どのように接していったらよいかをまとめてみました。

【上司の側からの視点】
・上司は、「部下の能力を最大限引き出すこと」が自分の仕事であること
　を自覚し、そのために全力を尽くし、そして公正かつ的確な評価を行う。
・恐怖や不安、ノルマ、プレッシャーで部下を管理する方法は、単純作業
　などでない限り、正しく機能しない。

177

- 厳しい叱責は、これを受ける場合はもちろん、そのような事例を見聞きするだけでも、心理的安全性は損なわれる。
- 常に「業務改善／共通目標達成のために合理的にできることは何か」を考えて指導を行う。
- 叱責するだけでなく、「アドバイス」「伴走」の視点を持つ。
- 頭ごなしに言う、押さえつける、という視点ではなく、「成長のための具体的なアドバイスや目標を適切に提供する」という視点が必要。

【部下（一般社員）側からの視点】
- 部下は、心理的安全性が高く、自分の能力を発揮できる職場を与えられたのであるから、そこに安住して「ヌルイ職場」を目指すのではなく、全力で結果を出すよう努力し、それに見合った評価を受ける。
- パワハラかどうかを気にするのではなく、「何が共通の経営目標達成のために重要なのか」を考え、主体的に提案し、行動する。
- 「ヌルイ職場」ではなく、仕事を通じて「共通の経営目標達成」と、「自己実現」を図ることができる高いゴールを意識する。
- その「ゴール」に達するための上司の関与が不適切と考えられる場合は、議論し、提案し、場合によっては窓口等を利用して適正化を図る。
- 「自分が提案し」「自分が実行」するという視点を持つ。その「プロセス関与」を否定する言動が、組織にとって良くないことであり、延長線上に「パワハラ」があるという構造を理解する。
- 決定権限の存在（企業の経営や目標の達成についての責任を負う者は誰か）を意識して、「決定のプロセス」には主体的に関与するが、「決定権限」は尊重し、決まった方針には全力で従うという姿勢を持つ。

そういった視点で、**上司と部下が協力し、適切に役割を分担しつつ、心理的安全性が高く関係負荷が低い健全な状態で、会社の経営目標やチームの目標を、高いレベルで実現していく。**そんな会社や部署を作るために、本書が活用されることを願ってやみません。

【事例編】

事例 1

長期間の研修が適法とされ、感情的になされた「除草作業命令」が違法とされた

路線バスで事故を起こした運転手に対する炎天下の約1か月間の除草作業従事が違法とされ、一方で、1か月以上に及ぶ添乗指導については適法とされた事例。

【神奈川中央交通（大和営業所）事件　横浜地裁H11.9.21労判771号32頁】

登場人物

本人X：正社員として入社し、路線バスの運転を担当していた運転手。乗務中に物損事故を起こした。

上司A：Xの上司で、Xの所属する営業所の所長。

事案の事実

　本人Xは、正社員として路線バスの運転をしていたが、運行中に路肩に停車していた乗用車と接触事故を起こした。

　しかし、Xは、接触事故に気づかず、そのまま運行を継続して車庫まで戻った。本件は、接触された乗用車の所有者が事故を警察に通報し、発覚した。

　営業所において確認したところ、Xの運転していたバスに、申告の態様に適合する傷があったことから、本件事故は事実と思われた。しかし、上司Aの質問に対し、Xの答えは要領を得ず、Aから事故の状況を聞かれたり、接触に気づかなかったはずはないのではないかと質問されたことに対しても、曖昧にうなずくだけであった。

　Aは、Xに対し、「おめえ、クスリでもやってんじゃねえのか」などと言って叱責した。また、Xとともに警察に行った際にも、一番重い行政処分にしてもらうようにと述べた。

　もっともこの事故については、本判決では、その原因は駐車していた乗用車のドアがきちんと閉められておらず、数センチ程度開いている状況であったからであるとし、Xに本件事故の過失はないと認定された。ただし、

180

事例 1	長期間の研修が適法とされ、 感情的になされた「除草作業命令」が違法とされた

事故の衝撃音や振動に気づかなかった点については、Ｘに注意力散漫があったと認定された。

Ａは、本件事故についてＸに過失ありと判断し、Ｘに対して、反省文及び本件事故に関する報告書（意見書）の作成を命じた。しかし、その報告書の提出を待たず、「こいつ明日からダイヤを抜いて草むしりをさせろ」などと指示して、Ｘに対し、翌日からつなぎの作業服を持参し、バスに乗務せず、除草作業を行うように命じた（第１業務命令）。

なお、同時期に他の事故を起こした運転手らに対する処分もなされたが、人身事故や物損で事故に気づかず運航を継続したケースなども含め、注意や指導、見習い勤務を命ずるといったものであり、下車勤務（乗務をさせない処分）がなされたのは、Ｘだけであった。

Ｘへの下車勤務による除草作業命令は、期限を付さず、また具体的な対象範囲も指定しない形で行われ、結局、炎天下の８月２日〜25日まで行われた。Ａは、このような勤務によってＸが病気になっても仕方がない、という認識を持っていた。

Ｘの下車勤務による除草作業等の態度が良かったことから、８月26日に下車勤務命令は解かれ、乗務準備個別教育、研修の後、９月４日から、添乗指導を受けることが命じられた（第２業務命令）。添乗指導とは、その運転士の乗務する車両に指導運転士が同乗して本人の運転状況、乗務規律の履行状況等について把握し、指導する制度であり、指導運転士は、その結果を毎回、添乗指導報告書を作成して所長に報告するものであった。この添乗指導は、10月７日まで、Ｘの休日を除く25出勤日にわたって行われた。なお、通常の添乗指導は、10日程度で終了するのが一般的であった。

Ｘは、会社に対し、これら第１業務命令及び第２業務命令が、Ｘに対する嫌がらせや退職に追い込むために行われた不法行為（パワハラ）に当たるとして、慰謝料を請求した。

【本人の言い分】

- 本件事故は、駐車禁止区域に駐車された相手方車両のドアが開いていたことが原因であり、現場の状況から、中央線を越えずに駐車車両の側方を通過するためには、ぎりぎりを通過せざるを得ないし、駐車中の車両のドアが開いていることを注意してバスを運行するのは不可能であって、Xに過失はない。事故に気づかなかった点も、当時の騒音や乗客の話し声、冷房の音などが原因であって、Xに過失はない。

- Xに過失がないにもかかわらず、原因や過失の有無を十分調査もせず、Xが再発防止に取り組むべく意見書を提出し、十分反省の気持ちを明らかにしているにもかかわらず、一方的に第1業務命令を発し、長期間にわたる炎天下の除草作業を、無期限かつ対象範囲も定めずに行わせたことは、事故防止、安全対策とは無関係であり、本人の反省を促す手段としても不適当である。

- Aによるこのような業務命令は、自分の気に入らない者に対する「いじめ」ないしは私的制裁であり、他の運転士に対する「見せしめ」に他ならない。Xに屈辱を味わわせ、あわよくば会社の労務政策に恭順ではないXを退職に追い込むために恣意的に行ったものである。

- 第2業務命令についても、1か月以上にわたる添乗指導は、勤務歴5年以上の運転士であるXに対し、見習運転士と同様の処遇を行うものであり、しかもその内容としては、運転技術そのものとは関連性のない、指差呼称、接遇が中心の指導がされた。よって、第2業務命令は、本件事故に対応した有意義な指導とはいえず、その実体は、見せしめ、嫌がらせであるから、違法である。

| 事例1 | 長期間の研修が適法とされ、
感情的になされた「除草作業命令」が違法とされた |

結論

　第1業務命令は、下車勤務と除草作業を行わせること自体は違法ではないが、本件の具体的事実関係の下では、違法な業務命令に当たるとされた。一方、第2業務命令は、適法妥当なものであるとされた。

▶▶▶【判決に際し考慮された要素と4つの指標への当てはめ】

（○はパワハラを否定する方向、×は肯定する方向の要素）

①「適正な業務の遂行」を目的としたものかどうか

✕　十分にＸの過失を検討することもなく、Ｘに過失があるとの思い込みにたって、Ｘの意見書を待たずに反省がないとして、事実関係や反省の状況について、不正確な認識のまま、第1業務命令に至っている。

✕　Ａは、第1業務命令につき、炎天下の連続勤務でＸが病気になっても仕方がないという認識を持っている。

✕　これらを総合すると、第1業務命令は、安全な運転を行うことができない恐れがある運転士を一時的に乗車勤務から外しその運転士に乗車勤務復帰後に安全な運転を行わせるという下車勤務の目的から大きく逸脱しているのであって、むしろ恣意的な懲罰の色彩が強い。

○　第2業務命令は、本件事故に関して、会社が、Ｘには走行時左寄りの傾向があるなどの運転技術上の問題があると考え、その矯正を目的として命じたものであるから、目的は正当である。

183

②内容や態様について「合理的な必要性」があるか

✗ 期限も付さず、範囲も示さず、炎天下の屋外での連続勤務(第1業務命令)を命じており、乗車勤務復帰後に安全な運転をさせるための手段としては不適当である。

○ 第2業務命令については、Aから指導運転士に対してXの欠点と思われる事項が申送りされ、Xに実際に運転をさせ、そこに添乗した熟練の指導運転士に、その度に個別に欠点を指摘させる方法を取っているのであるから、適切である。

③叱責だけでなく、成長をサポートする言動や体制があるか

○ 第2業務命令に関し、長期間にわたる熟練の指導運転士による指導が行われている。その結果、Xの左寄り傾向が改善されるなどしており、Xの運転技量が向上している。

④人格攻撃や嘲笑になっていないか

○ 第2業務命令について、添乗指導の期間が、他の運転士に比して長期間である1か月に及んだ理由は、添乗指導によって新たに発見された接遇、指差呼称の面についての問題を矯正するためであって、殊更「見せしめ」や「屈辱を与える」目的は認められない。

判断のポイント

本件は、第1業務命令において、下車勤務や除草作業を命じること自体は適法としつつも、本件の業務命令自体は違法としました。運転士という、本来運転をするために雇用されている者に対して、必要もなく長期間かつ範囲を限定しない除草作業を命じることは、「除草」という正当な目的達成のためではなく、見せしめや懲罰的な意味合いが強いことから、このように認定されました。これは、A自身が「Xが病気になっても仕方ない」

と思っていたことからも、認定できるといえます。

　正当な業務上の目的達成のための命令であれば、それがきつかったり、辛かったりしたとしても、適法です。これは、この裁判例においても、「炎天下の屋外での除草業務自体は、適法」とされていることからも明らかです。しかし、それを超えて、懲罰目的で、合理的必要性がない身体的苦痛を与える権限は、会社（上司）にはありません。そもそも、大切な運転士を教育し、改めて安全運転のできる運転士として現場に戻すという目的を考えれば、「病気になっても仕方がない」というのは本末転倒であり、やはり、Ａとしては、懲罰を加えるという感情的な意図があったといえます。

　一方、第2業務命令は、Ｘ自身は見せしめや屈辱と感じていたとしても、目的が正当であり、手段も適切で、実際に運転技術の向上や接遇、指差呼称徹底の改善という「成長」も見られているので、業務命令として適法であるとされています。

　感情的にならず、冷静に、原因の分析、成長や再発防止のための手段の検討と実施、ということに集中をすれば、パワハラにはならないといえます。

相談対応の注意点

　こうした事故やミス、問題行動に対して指導を行う場合は、まず、**思い込みを排除し、資料や根拠を収集し、原因と再発防止策のポイントを冷静に検証すること**が重要です。

　これを欠くまま、思い込みや頭ごなしに対応することは、「感情的」といわれ、パワハラと認定されるリスクを増加させることにもなります。

　そもそも、**原因や理由を明確にしない限り、適切な再発防止や予防を行うことはできない**わけですから、当たり前といえば当たり前ですね。

185

事例 2

多数のメンバーにCCで送信された
注意メールが違法とされた

上司が部下に送ったEメールが、パワハラには該当しないとされたものの、
目的は正当ではあるが、記載内容や表現形式、多数のメンバーにCCで送
信されたことなどを理由に、不法行為に該当するとされた事例。

【三井住友海上火災保険事件　東京高裁H17.4.20労判914号82頁】

登場人物

本人Ⅹ：損害保険会社の正社員として勤務し、勤務期間27年、課長代理
　　　　の役職にあった。

上司Ａ：Ⅹの所属するサービスセンターの所長であり、Ⅹの人事考課の第
　　　　一次査定者。

上司Ｂ：Ⅹの所属するユニットのユニットリーダー。

事案の事実

　本人Ⅹは、サービスセンター（以下「SC」という）における構成員十
数名のユニットに所属し、ユニット内では3番目の序列に位置していた。

　Ⅹは、自分に対する評価が低すぎるという不満を持っており、これにつ
いて会社に対する訴訟を起こしたこともあった。また、自分が、難易度が
低い業務を担当させられていることについても、不満を持っていた。

　上司Ｂは、Ⅹの業務処理件数が非常に少なく業務成績が悪いことを問題
にしており、当月の処理実績が極端に低かったことから、その報告を求め
るメールをⅩに送信した。

　これに関して、上司Ａも、Ⅹに対して以下の内容のメールを送信した。

　なお、このメールは、十数名のユニット全員にもCCで送信されており、
かつ、赤文字で大きなポイントの字で表示された状態であった。

186

事例 2 多数のメンバーにCCで送信された注意メールが違法とされた

✉ メールの内容

1. 意欲がない、やる気がないなら、会社を辞めるべきだと思います。当SCにとっても、会社にとっても損失そのものです。あなたの給料で業務職が何人雇えると思いますか。あなたの仕事なら業務職でも数倍の業績を挙げますよ。本日現在、搭傷10件処理。Cさんは17件。業務審査といい、これ以上、当SCに迷惑をかけないでください。
2. 未だに始末書と「〜〜病院」出向の報告（私病？調査？）がありませんが、業務命令を無視したり、業務時間中に勝手に業務から離れるとどういうことになるか承知していますね。
3. 本日、半休を取ることをなぜユニット全員に事前に伝えないのですか。必ず伝えるように言ったはずです。我々の仕事は、チームで回っているんですよ。

なお、Aがこのメールをユニット全員に送った趣旨は、Xに業務に対する熱意が感じられず、エリア総合職の課長代理という立場であるにもかかわらず、実績を挙げないことが、他の従業員の不満の原因になっていることを考え、Xへの指導を行うとともに、Bのメールの内容を支持することを表明する必要があると判断し、本件メールを送信したものだった。

Xは、このメールがパワハラに該当するとともに、不法行為を構成するとして、慰謝料を請求する訴訟を提起した。

【本人の言い分】

- このようなメール自体が、上司が部下を指導したり叱咤激励するというものではなく、殊更に自分の人格を傷つけるものであって、パワハラに当たる。
- さらに、ユニット全員に送信されたことは、不当である。

結論

　第一審では、パワハラには該当せず、不法行為にもならないと判断された。

　控訴審である本裁判では、本件メールそのものはパワハラには該当しないとされたものの、メールが送信された状況を考慮し、不法行為には該当するとして、5万円の慰謝料の支払いを命じた。

【判決に際し考慮された要素と4つの指標への当てはめ】

（○はパワハラを否定する方向、×は肯定する方向の要素）

①「適正な業務の遂行」を目的としたものかどうか

○　　本件メールは、AがXに対し、その地位に見合った処理件数に到達するよう叱咤督促する趣旨であり、その目的は正当である。

②内容や態様について「合理的な必要性」があるか

×　　「やる気がないなら、会社を辞めるべきだと思います。当SCにとっても、会社にとっても損失そのものです」という、退職勧告とも、会社にとって不必要な人間であるとも受け取られる恐れのある表現が盛り込まれており、これがX本人のみならず同じ職場の従業員十数名にも送信されている。

×　　「あなたの給料で業務職が何人雇えると思いますか。あなたの仕事なら業務職でも数倍の実績を挙げますよ。……これ以上、当SCに迷惑をかけないでください」という、それ自体は正鵠を得ている面がないではないにしても、人の気持ちを逆撫でする侮辱的言辞が用いられている。

> 事例2　多数のメンバーにCCで送信された注意メールが違法とされた

　赤文字でポイントも大きく記載するということをもあわせかんがみると、指導・叱咤激励の表現として許容される限度を逸脱したものと評せざるを得ない。

③叱責だけでなく、成長をサポートする言動や体制があるか
　　（言及なし）

④人格攻撃や嘲笑になっていないか

　本件メールは、Xの地位に見合った処理件数に到達するようXを叱咤督促する趣旨であることがうかがえ、その目的は是認することができるのであって、Xにパワーハラスメントの意図があったとまでは認められない。

判断のポイント

　第一審が上司Aの行為全体についてパワハラではなく、不法行為も構成しないとしており、控訴審である本件判決においても、パワハラではないものの、一部の名誉感情を逆なでする表現態様、方法について、不法行為を構成するとして、5万円の慰謝料を認めたという事例です。

　いずれもパワハラには該当しないという点では共通しています。控訴審は、メールの一部について不法行為を認めていますが、原審と判断も分かれており、認められた慰謝料も少額ですので、まさに境界線上にある事例といえます。

　本判決も、メールの文言のみを取り出して不法行為と認定したものではなく、これらメールの文言に加え、「ユニット全員にCC」したという点と、「赤字でポイントの大きな文字で記載」されていたという点を併せ考慮して、不法行為を認定したと考えられます。

　実際にも、Xの業務改善や、ユニット全体のパフォーマンスの向上を目的とするのであれば、「ユニット全員にCC」し、「赤字でポイントの大きな文字で記載」する合理的な必要性はないといえます。この点を、あえて

189

こうした表現の仕方をしたのは、懲罰的な意味合い、ユニット全員に対してさらし者にする意図、さらには感情的な嫌悪感などがあったのではないかとも思われます。

　本件判決も、そういった要素を考慮して、不法行為を認定したものといえます。

相談対応の注意点

　指導を行うに際しては、**感情的な面が表に出ないように配慮**する必要があります。特に、**人前で叱責する、叱責のメールを他の従業員にもCCで送信するといった行為は、その態様に合理的な理由がない限り、パワハラを肯定する要素として働きやすい**といえます。

　また、叱責された方も、人前で辱められた場合は、発奮するよりも、怒りや意欲の喪失といった、ネガティブな反応を惹起することが多いといえます。チームの生産性を上げるという意味でも、**人前で叱責する必要があるかどうかについては、しっかり検討する必要がある**といえます。

| 事例 2 | 多数のメンバーにCCで送信された注意メールが違法とされた |

事例3

感情的な叱責や業務と合理的関連性のない「指導」が違法とされた

うつ病に罹患して自殺した部下に対する、上司からの、「主任失格」「お前なんか、いてもいなくても同じだ」などの文言を用いた感情的な叱責や、仕事に集中するために結婚指輪を外せといった命令を複数回行っていたことが、パワハラに該当するとされた事例。

【名古屋南労基署長（中部電力）事件　名古屋高裁 H19.10.31労判954号31頁】

登場人物

本人Ｘ：電力会社の従業員であり、高校卒業後ずっと勤務をしていたが、うつ病を罹患し自殺した。死亡時の年齢は36才。

上司Ａ：Ｘの上司であり、課長の役職にあって、日常的にＸに対する指導を行う立場にあった。

事案の事実

　本人Ｘは、勤続17年以上の社員であり、自殺の数か月前に主任に昇格した。これは、同期の中でも平均的な昇進のペースであった。

　上司であるＡは、現場の経験が豊富で業務にも精通していたが、部下の指導にはきつい口調で当たることも多く、課長席の前などで、他の課員に聞こえる状況で指導することもあったことから部下から反感を持たれることも多かった。そして、自分の思うように動かない課員に対して特に厳しく対応しており、主任級の課員に「主任失格」といった言葉を使って叱責することもあった。これにより、Ｘ以外の他の部下も、他の課への転出を希望し軽度のうつ病と診断されるに至った者もあった。

　Ａは、Ｘは他の主任に比べ仕事が遅く、集中力を欠いており、動きが悪いと評価していた。Ａとしては、自分がＸを主任にしてやったという思いもあって、Ｘに対して厳しく指導することが多かった。このような厳しい指導から、周囲の従業員にとっては、ＡがＸを嫌っていると見えていた。

192

| 事例3 | 感情的な叱責や業務と合理的関連性のない「指導」が違法とされた |

　Ａは、新たに主任に昇格した者に「主任としての心構え」という書面を作成して提出させていた。これはＡ独自の指導方法であって、会社として導入したものではなかった。

　Ｘはまじめな性格で、主任昇格後は、増加した業務と責任範囲に対してかなりの重圧を抱えており、自信を喪失しがちなところもあった。

　このような状況で、Ａは、Ｘの主任昇格後の不安や自身喪失感に特別な配慮をすることなく、仕事に対する初歩的な基本姿勢や業務遂行上の問題点について事細かに指摘し、Ｘにも「主任としての心構え」を作成させた。

　さらに、Ｘが作成して提出した同書面に対しても指導を行い、「自分の油、ＬＮＧ設備に対する知見の低さを自覚して」と経験不足を殊更に記載して、あたかも主任として知見が十分ではないかのような文章を加えさせる一方、「自分の業務と各担当の業務、どれが欠けても自分の責任であると意識する」と主任級が管理職ではないにもかかわらず過大な責任意識を述べる文言を追加させた。

　なお、これまでＡは、他の主任に対して、いったん提出した「主任としての心構え」を修正させ、追記させるということはしておらず、こうした要求をしたのはＸに対してのみであった。

　また、Ａは、Ｘに対して、Ｘが常時左手薬指に結婚指輪をはめていたことに対し、複数回、「たるんでいる」「会社の中ではきちっとして家庭の問題を会社に持ち込むな」という言葉の他に、「その指輪は目障りだ。おれの前では指輪を外せ」というような言葉で、Ｘに結婚指輪を外すよう命じた。

　Ｘは、家族を大切に思っており、結婚指輪にも思い入れがあったため、いずれの時にも特段の反論はせず、しかし、結婚指輪を外すこともしなかったが、自殺した日は、結婚指輪を外して家を出ていた。

　なお、Ａは、Ｘ以外の従業員に対して、結婚指輪を外すように指導したことは一度もなかった。

　また、ＡはＸに対して、たびたび「主任失格」「お前なんか、いてもいなくても同じだ」などの文言を用いて感情的に叱責しており、日ごろは愚

痴や悪口を言わない性格であったXも、「また、課長に怒られちゃった」などと、妻に対して愚痴をこぼすようなことがあった。

このような経過を経てうつ病を発症し、Xが自殺した。

【本人の言い分】

上記のような、厳しい叱責、結婚指輪を外すように要求したこと、「主任としての心構え」の提出等は、厳しい指導を超えたパワハラであり、Xの死亡とAの指導との間には、業務起因性が認められる。

結論

本判決は、うつ病の業務起因性の判断の中で、上記のような厳しい叱責、結婚指輪を外すように要求したこと、「主任としての心構え」の提出等につき、パワハラに当たると判断した。

【判決に際し考慮された要素と4つの指標への当てはめ】

（○はパワハラを否定する方向、×は肯定する方向の要素）

①「適正な業務の遂行」を目的としたものかどうか

もともと、自分の思いどおりにならない部下に対して、感情的に叱責することが多かった。

Aは、Xに対する嫌悪感などから、殊更に厳しい指導を行っていた。

AのXに対する指導は、殊更感情的になっており、周囲からも、AがXを嫌っていると見えていた。

| 事例3 | 感情的な叱責や業務と合理的関連性のない「指導」が違法とされた |

②内容や態様について「合理的な必要性」があるか

「主任失格」「お前なんか、いてもいなくても同じだ」といった表現は、Xの業務改善の目的達成に合理的に資するものではない。

結婚指輪を外すかどうかと、業務の効率や正確性が向上するかとは、合理的な関連性はない。

「主任としての心構え」についても、殊更に、「主任という地位に比して自分の能力や知識がないこと」を屈辱的な表現で記載させており、すでに本人が、主任としての職責を果たせていないという自責の念を持っていて、自信を喪失しかけていたという前提の下では、Xの業務内容の改善という目的達成のために合理的に必要とはいえないものであった。

③叱責だけでなく、成長をサポートする言動や体制があるか

AはXに対して、事細かに指導や叱責を行っていた。

Xがすでに十分に自己の職責を果たせていないことを自覚しており、具体的にどうしたらよいかについて自信を喪失していた状況で、具体的な改善の方策を提案することなく、一方的に叱責を繰り返していた。

④人格攻撃や嘲笑になっていないか

叱責するときも、他の従業員の前で厳しく叱責するなどしており、本人の名誉感情に対する配慮に欠けていた。

他の従業員の前で、結婚指輪を外すように何度も求めるなど、本人の大切にするプライベートでの価値観を踏みにじるような言動があった。

判断のポイント

　本事例では、まず、「主任失格」「お前なんか、いてもいなくても同じだ」といった文言が問題にされています。「○○失格」と言うのは、具体的な言葉や行動に対する指導ではなく、人格全体を非難する言葉として、一般的には不適切といえます。ただ、「○○失格」という言葉を使ったからといって、直ちに必ずパワハラになるということではありません。

　本件では、「お前なんか、いてもいなくても同じだ」というような、指導という目的では何ら目的達成に資さない発言が感情的になされていることや、日ごろから日常的にＡが感情的な叱責を繰り返していたことが、総合的に問題にされています。

　また、「主任としての心構え」についても、Ｘに対してのみ、殊更自分を卑下して貶める文章を記載させており、指導という意味で合理的な効果が乏しいと考えられる上、すでに自分の能力に自信を喪失しかけている状況のＸに対しては、むしろ逆効果といえる指導だったといえます。

　さらに、結婚指輪については、結婚指輪を付けていると仕事への集中力が落ちるという「独自の見解」に基づいて、明らかに業務と関係のない指導を行っていた点が問題とされました。

　全体的に、Ａは、能力が高く、知識や経験も豊富な従業員であったと思われますが、それだけに、部下に対する「指導」というよりは、「自分の言うことを聞けばいいんだ」という思いで、業務命令の範囲かどうかも考慮することなく、全体的に自分の思いどおりになる人を評価し、ならない人に感情的に当たっていたといえます。

　個々の言動も問題ですが、こうした考え方そのものが、「部下の育成や業務効率の向上のために合理的な対応を行う」という視点を欠き、パワハラの温床となったといえます。

| 事例3 | 感情的な叱責や業務と合理的関連性のない「指導」が違法とされた |

相談対応の注意点

　上司が、自らの経験や知識に基づき、独自の指導方法を行うこと自体は、何ら問題ではなく、それが効果的な場合も多いといえます。

　もっとも、本件のように、それが業務と関連のないことや、合理的な範囲を超えたものになる場合は、パワハラと評価される場合が出てきます。一方で、あまりに上司の指導方法を束縛してしまうと、上司としても、指導する意欲を失ってしまうかもしれません。

　本件も、上司Aとしては、悪気があったというよりも、Aなりに一生懸命に指導した結果ともいえます。こうした事件を防ぐには、**指導する上司に、「指導」の意味や目的、「パワハラ」の本質は何かということを、しっかりと伝える、日ごろの研修や啓発**が重要です。

事例4

同様の厳しい文言につき、総合的な考慮から、パワハラの判断が分かれた

護衛艦乗務中に業務上のストレスから自殺した隊員について、直属の上司から厳しい言葉での指導については自殺との業務起因性があるとされ、一方で、他の上司からの指導は、業務起因性がないと判断された事例。

【長崎海上自衛隊員自殺事件（護衛艦さわぎり事件）　福岡高裁H20.8.25労経速2017号3頁】

登場人物

本人Ｘ：平成9年に自衛隊に入隊し、平成11年には三曹に昇進して、護衛艦「さわぎり」に乗り込み機関科に配属された。その約6か月後、演習中の同艦内で自殺した。

上司Ａ：Ｘの直属の上司である班長。なお、1班は13名の構成。

上司Ｂ：Ｘが以前乗艦していた護衛艦時代の直属の上司であり、「さわぎり」ではＡの所属とは異なる班の班長として乗艦していた。

事案の事実

　本人Ｘは、まじめな性格であり、健康にも優れていたが、機械の扱いや知識について未熟な面も多く、必要なテストになかなか合格しないといったことがあった。

　ＸとＢ班長は、関係は良好で、乗艦中にＢがＸの散髪をしてやったり、子供の名前の付け方の本を貸したり、家族ぐるみで交流してＸがＢの自宅を訪問したり、手土産の焼酎を持って行ったりする関係であった。

　なお、Ｘは、Ｂの推薦があったため、さわぎりに乗艦することができることになった。

　Ｘは、曹候出身者であるところ、曹候出身者は一般の隊員より早く三曹になる一方で、実務経験は一般の隊員より少ないため、三曹昇進時点では、長年乗艦している一般隊員に比して、技量面で劣り、三曹として要求される技量水準には到達していないことが多い。そこで、そのための特別訓練期間も設けられており、Ｘも、さわぎり乗艦前に、この訓練を受けていた。

事例 4	同様の厳しい文言につき、総合的な考慮から、 パワハラの判断が分かれた

　この時期、Xについては、まじめに訓練に取り組んではいるものの、上官からは、作業手順の習得に時間がかかったり、基本的事項の理解が遅かったりして、指導の効果が上がりにくい上、指示がない限り自ら進んでやろうとせず、仕事に対して消極的であるとの評価を受けたりしていた。

　もっとも、Xはまじめに勉強するなど、訓練に積極的に取り組んでいた。

　その後、三曹に昇進してさわぎりに乗艦した後も、機械のことが覚えられず、三曹に相応しい仕事ができていないと考え、悩んでいた。また、後輩に見られていることや、後輩に追い越されるかもしれないという不安を口にすることもあった。

　Xに対しては、それぞれの班長から、以下のような言動がなされていた。

（A班長からのXに対する言動）

- 指導の際には、殊更にXに対し、「お前は三曹だろ。三曹らしい仕事をしろよ」「お前は覚えが悪いな」「バカかお前は。三曹失格だ」「仕事ができんくせに三曹とかいうな」などの言辞を用いて半ば誹謗した。
- これらの言動は、閉鎖的な艦内において、繰り返し行われた。
- 他の部下の前で、Xに対し、分からないことを質問したり、機械の分解などできないことをやらせたりした。
- 質問にXが答えられないと、「三曹のくせに」という発言を繰り返した。
- これらによって、Xは、自殺した演習航海においては、食事が食べられない、眠れないという状況になっており、出航前にも、同期の友人に対し「明日から24時間やられる」と述べる状況に至っていた。

（B班長からのXに対する言動）

- 「ゲジゲジが2人そろっているな」と発言した（トランプのゲームで、一番役位が下のカードという意味）
- 「百年の孤独要員」
- 「お前はとろくて仕事ができない。自分の顔に泥を塗るな」
- （他の部下に対して）班員に目をつぶって手を挙げさせ、丸刈りにする

199

かどうか決め、結果として対象の部下が丸刈りになった話をした。
- ただし、これらの言動は一回性のものであり、反復継続してなされたものではなかった。

その後、Xは、さわぎりの艦内で自殺しているのが発見された。Xの遺族は、国を提訴した。

【本人の言い分】
・Xが自殺したのは、A及びBによるいじめが原因である。

結論

原審では、いずれも違法性はないとされたが、控訴審である本判決では、Aの言動は不法行為に当たり違法と判断され、Bの行為は、違法性はないとされた。

【判決に際し考慮された要素と4つの指標への当てはめ】

(○はパワハラを否定する方向、×は肯定する方向の要素)

①「適正な業務の遂行」を目的としたものかどうか

（Aの言動につき）海上自衛隊の業務では、危険な任務に臨むことも想定され、できるだけ早期に担当業務に熟練することが要請されるものであるから、ある程度厳しい指導を行う合理的理由はあったというべきであり、本件行為は、Xに対し、自己の技能練度に対する認識を促し、積極的な執務や自己研鑽を促すとの一面を有していたということはできる。

| 事例4 | 同様の厳しい文言につき、総合的な考慮から、パワハラの判断が分かれた |

○ （Bの言動につき）Bは、Xに対して、護衛艦乗務を推薦したり、家族ぐるみの付き合いをしたりするなどして、好意を持って接している。

②内容や態様について「合理的な必要性」があるか

✕ （Aの言動につき）誹謗ともいえる侮辱的な発言が、継続して繰り返されており、これらが閉鎖的な艦内で直属の上司から繰り返されていた。

✕ （Aの言動につき）後輩や下位の者の前で殊更にできないことをやらせる、「三曹のくせに」できないということを繰り返し言い続けるなどの行為は、階級に関する心理的負荷を与え、下級の者や後輩に対する劣等感を不必要に刺激する内容だったのであって、不適切であるというにとどまらず、目的に対する手段としての相当性を著しく欠く。

○ （Bの言動につき）親しい上司と部下の間の軽口として許容されないほどのものとまではいえない。

○ （Bの言動につき）繰り返されておらず、XもこれらのBの言動を気に病んでいたという事実は認められない。

③叱責だけではなく、成長をサポートする言動や体制があるか

✕ （Aの言動につき）「三曹のくせに」や「バカ」といった全体的かつ抽象的な人格攻撃を行うのみで、具体的な作業や手順、業務などについて特別な指導はしていない。

○ （Bの言動につき）前の護衛艦乗務時代での具体的な指導や、陸上での家族ぐるみでの付き合いと激励など、Xを支援し激励し

201

ようとする言動があった。

④ 人格攻撃や嘲笑になっていないか

（Aの言動につき）侮辱的な発言であり、階級に関する心理的負荷を与え、下級の者や後輩に対する劣等感を不必要に刺激する内容であった。

（Bの言動につき）言動の一部はXに対する侮辱とも捉えることのできるものではあるが、親しい上司と部下の間の軽口として許容されないほどのものとまではいえない。

判断のポイント

本裁判例では、AとBの2人の上司の言動のうち、Aについて不法行為に該当するとし、Bについては適法としました。なお、原審では、Aの言動もBの言動も、いずれも違法性はないとされており、判断が微妙であった事例といえます。

本判決の事実関係を見ても分かるように、言葉尻だけを捉えると、AもBも、それほど差異はないように見えます。

判断が分かれた理由は、AとBの「厳しい言動」をした目的といえます。

Aは、Xについて練度が低く成長が遅いと評価しており、これに対して、嫌悪感を持って厳しく責め続ける一方で、適切な配慮や指導、成長への支援をしていません。その結果、Xに対する心理的負荷を増大させたと認定しています。

一方で、Bについては、言葉尻としては「侮辱とも捉えることができる」ものとしつつ、Xに対する支援や励まし、家族間での交流、叱責すべき場面以外では人間として付き合い、後輩として配慮していたことなどを考慮すれば、このような厳しい言動も、激励の一部であり、あるいは、軽口の一種として、違法性はないと判断しています。

パワハラの本質は、言葉尻ではなく、部下の育成や組織の生産性の向上

| 事例4 | 同様の厳しい文言につき、総合的な考慮から、パワハラの判断が分かれた |

といった目的を達成しようとしているのか、それとも、感情的になってつらく当たっているのか、といった根本的な姿勢にある、ということが理解できる事例といえます。

相談対応の注意点

違法なパワハラか、許される「指導」かという**線引きは言葉尻ではない**、ということがよく分かる事例です。

パワハラかどうかと判断する上では、単に、「何を言ったのか」「何をしたのか」という**表面的な点だけでなく、4つの指標に従って、その言動の背景にある事情を検討する必要がある**といえます。

事例 5

問題社員への日報提出命令、
厳しい研修や叱責が、
パワハラに該当しないとされた

反省を記載した日報の提出、日報の音読（読み合わせ）、厳しい叱責、長文メールによる叱責、退職勧奨、などがいずれもパワハラではないと判断された事例。

【ティーエムピーワールドワイド事件　東京地裁H22.9.14労経速2086号31頁】

登場人物

本人X：正社員として入社。試用期間経過後から、問題が見られるように
　　　　なった。

上司A：Xの直属の上司。

上司B：Aのさらに上司。途中からXの直属の上司を兼務。

事案の事実

　本人Xは、正社員として、一般事務及びテレホンアポインター業務に従事していた。

　しかし、本採用後から以下のような問題が発生した。

（1）業務怠慢

　業務と関係のないウェブサイトを閲覧する、積極的に接客をしない、ごみの回収を手伝わないなどの業務怠慢が継続した。これに対し、Xは、日報の中で、以後は来客に気づくよう気をつけること、私用のインターネットは自粛することなどを記載した。

（2）業務上のミス（顧客対応）

　重要書類を上司の確認を得ず投函してしまい、顧客からクレームの電話がかかってきたところ、Xは、顧客の言葉遣いに感情を害し、電話を切ってしまった。その後、泣き出したXをフォローしようと上司Aが声をかけたが、Xは「本気で死ねばいいと思った」などと顧客担当者に対する怒り

204

事例5　問題社員への日報提出命令、厳しい研修や叱責が、パワハラに該当しないとされた

をあらわにし、上司Bが、一応Xをかばった上で、相手の立場に立って対応するように忠告したところ、「しばらく○○（顧客の会社名）の○の字も見たくない」と返信した。

(3) 業務上のミス（書類の整理）

Xは、書類の整理の仕方が悪く、重要書類を紛失するなどの深刻なミスが目立った。また、その度に、他の社員も協力して時間をかけて書類を探し出しても、感謝の言葉もないという態度を取っていた。それに対して、Bから注意され、Xは、日報に、書類の紛失が多い点はAと相談して善後策を検討したと記載した。

(4) 上司に対する感情的な対応

Aは、Xに対し長文のメールを送信して、表現を慎重に選びながら、周囲に対する心遣いの重要性、指導を受けたときの態度や電話応対に依然として問題があることなどを指摘して、「少しずつでも成長していってください」と励ました。また、顧客からXのテレアポの態度が悪いという苦情を受けたことについても、Xとテレアポの仕方についてミーティングを行い、声を大きくすること、電話の件数をこなすのではなくアポイントの取得を目指すべきであることなどを指摘して、議事録を作成させ、その場でその読み合わせをした。さらにAは、Xと会社の他の社員一人一人との関係を説明させて、誰もが上司であり先輩であることを確認した。このときは、Aは、かなり厳しくXを注意した。

これに対し、Xは態度を一変させ、Aに対し、「だいたいどういう人だか分かった」「あなたのためを思ってという人間にかかわって良かったことはない」「感情抜きでやっていきたい。今まで色々ヘマしていたのはそのせいもある」などとチャットに記載した。Aは、Xの成長を期待して助言をしてきたのに、このような批判を浴びたことにショックを受け、会社に対し、これ以上Xの上司はできないから交替させてほしいと願い出て了承された。

(5) 指示の無視

Bは、Xに対し、これまでの仕事上のミスについてどのように考えてい

るかをまとめて、翌日までに提出するよう指示した。しかし、退職勧奨を受けたと感じたXは、「ショックが大きく考えをまとめることができない」という理由で、これを提出しなかった。

その後、会社はXに退職勧奨を行った。Xは、それを拒否し、医師の診断書を取得して、うつ病を理由に休職申請をしたが、会社はこれを認めず、解雇処分とした。

【本人の言い分】

- Bから、日々反省点を記載した日報を提出するよう強制され、反省点を記載しないと叱責されるため、どんな些細なことでも反省点を記載せざるを得ず、不合理な自己批判を強制されたのは、パワハラに当たる。
- 同僚たちからも、書類の管理が悪いとか業務と関係のないウェブサイトを業務中に閲覧しているなどという誹謗中傷を受け、集団的なパワハラを受けた。
- Aは、自分に何度もミーティングの議事録の書き直しを命じたり、「声が低く小さいなどといったお叱りを頂いた」などと記載させて、それを全社員の前で音読させたり、全社員が自分より上位であることをわざわざ言わせたりしたことは、指導の範囲を超えて、パワハラに当たる。
- Aとの間で感情的なぶつかり合いがあったことは事実だが、Aや同僚たちが自分にパワハラをしたのが原因であるから、この点を自分に不利に評価するべきではない。
- 自分は、集団的ないじめやハラスメントによってうつ病となったのであり、業務上の疾病であるから、解雇はできないし、会社は自分に対して損害賠償をするべきである。

| 事例 5 | 問題社員への日報提出命令、厳しい研修や叱責が、パワハラに該当しないとされた |

結論

解雇は有効であり、同僚や上司らの行為もパワハラに該当しない。

▶▶ 【判決に際し考慮された要素と4つ指標への当てはめ】

（○はパワハラを否定する方向、×は肯定する方向の要素）

①「適正な業務の遂行」を目的としたものかどうか

○ 顧客からの苦情に対して、Xのテレアポの仕方についてミーティングを持ったものであり、いじめや嫌がらせの目的は認められない。

○ Xに対し、議事録を作成させ、その場でその読み合わせをしたことや、Xと社員一人一人との関係を説明させて、誰もが上司であり先輩であることを確認したことも、部下に対する教育指導の範囲を逸脱したものではない。

○ Xが顧客に対して感情的な対応をした際も、Bは、いったんXをかばった上で、冷静に忠告をしている。

②内容や態様について「合理的な必要性」があるか

○ 日報の作成等の指示は、教育指導的観点から少しでも業務遂行能力を身につけさせるためになされたものである。

○ Aは、Xの勤務態度について、かなり厳しく注意をしているが、その内容は、声を大きくすること、電話の件数をこなすのではなくアポイントの取得を目指すべきであることなど、苦情に対する改善策として至極もっともなものであり、いじめに当たるものではない。

③叱責だけでなく、成長をサポートする言動や体制があるか

○ Aは、Xの上司を外れた後においてもなお、Xの成長を期待して助言したり、励ましたり、話し合いの機会を持つことを試みたりしている。

○ 「少しずつでも成長していってください」などの励ましの言葉もかけている。

○ 具体的な改善点を指摘して、具体的に指導している。

④人格攻撃や嘲笑になっていないか

○ 実際に、Xには、業務上の問題点があったのであるから、これに対する是正の指摘は合理的であり、個人攻撃には当たらない。

○ 注意や指摘は、「電話に出たら、先に社名を名乗る」「声を大きくする」「明るい笑顔ではきはきと話す」など、具体的に改善点を指摘しているものにすぎず、人格攻撃などの言動は認められない。

判断のポイント

　本件では、Xの問題ある勤務態度に対し、上司であるAやBは、具体的な是正点を示して指導し、日報を作成させて問題点を明確化するなどして、冷静かつ合理的に、どうしたらXの業務が改善されるかを考えて行動しています。もちろん、その中で、厳しい口調を使うこともありましたが、それも、自分の感情をぶつけるということではなく、あくまで本人の行動改善を目的として、合理的に行われています。

　さらにポイントとなるのは、上司AやBは、終始Xを励ましたりフォローしたりすることも忘れず、何とか成長させたいという真摯な努力をして

いる点です。

　細かい要件の検討も重要ですが、結局のところ、上司AやBは、あくまでXの業務改善のために真剣に取り組み、励まし、努力をしていたといえ、この点が、パワハラを否定する大きな要素となっています。

　なお、本件では、集団的ないじめなどのハラスメントもないという理由で、うつ病についても業務起因性を否定し、解雇も有効とされました。

相談対応の注意点

　解説編でご説明したとおり、「本人が嫌だと思ったから」「本人がうつ病になったから」といって、パワハラになるわけではありません。うつ病の診断書が出ると、対応を躊躇しがちなところですが、冷静に、**4つの指標に照らして、事実関係を収集し、問題がなかったかを確認する姿勢が必要**です。

　また、本件では、日報を作成させるなどして、事実関係の記録とそれに対する本人の見解が、客観的資料として残されている点もポイントです。これによって、「言った言わない」という不毛な紛争が回避されています。

　パワハラに限らず、問題社員に対する初期対応が必要となった際は、**とにかく「記録化」をする**ということを、常に念頭に置いておくことが重要です。

209

事例 6

社内の報告会で、成績の悪い社員に コスチュームを着用させた行為は パワハラに当たるとされた

営業目標を達成できなかった従業員に対し、参加が義務となっている研修会においてコスチュームを着用させ、さらにその様子を撮影した写真を、後日別の研修会で投影するなどした行為が、不法行為に該当するとされた事例。

【K化粧品販売事件　大分地裁H25.2.20日労経速2181号3頁】

登場人物

本人X：化粧品販売を目的とする会社で、美容部員（ビューティーカウンセラー）として勤務していた。

上司A：Xの上司で、販売部ストア課美容係長をしていた。

事案の事実

　本人Xは、販促コンクールにおいて目標を達成できなかった。

　この販促コンクールにおいては、リーダー会議において、予め目標未達成者に対し罰ゲームを行うことが決められ、「遊び心」「茶目っ気」にあふれる盛り上げ策として、コスチュームの着用方針が決められたが、事前に従業員らに告知されることはなかった。

　美容部員として出席が義務づけられている研修会が開催された際、上司Aは、営業目標未達であったXを含む4名の従業員を呼び出し、あらかじめ用意していたコスチュームを着用するように指示した。

　その方法は、壇上に呼び出された4名がじゃんけんをして、順番にコスチュームが入った箱を選ぶという方法で行われたが、この箱を選ぶまで、4名には何が行われるかの説明はなかった。

　その結果、Xは、易者のコスチュームを着用して、研修会に参加することになり、5分〜10分程度の発表を行った。また、Xは、この研修会終了後の清掃まで、コスチュームを着用していた。

| 事例6 | 社内の報告会で、成績の悪い社員にコスチュームを着用させた行為はパワハラに当たるとされた |

　なお、この研修会の様子は、Xらに承諾を取ることなく、会社によって撮影された。

　もっとも、Xを含む4名も、コスチュームの着用や撮影に対して特に異を唱えるようなことはなく、会社としても、これらを強制するような言辞を用いてはいなかった。

　さらに、その後、会社で実施された別の研修会においても、コスチュームを着用したXの姿を含む本件研修会の様子がスライドで投影された。

　その後、Xはクリニックを受診し、「身体表現性障害（うつ状態を伴う）」などと診断された。

【本人の言い分】

・コスチュームの着用は、本件研修会の内容に関係がなく、目標未達成であったことに対する罰を与え、美容部員としての能力が欠如していることを表象させ、自尊心を傷つけるものである。

・本件コスチュームの着用が長時間にわたっていることなども併せ考えると、Xに対して屈辱感と極めて強い精神的苦痛を与えるものであるから、不法行為に該当する。

・本件コスチュームを着用したこと及び着用した姿を他の従業員にさらされたことなどから、職場環境のストレス等によって休業を余儀なくされるなど精神的苦痛を被った。

結論

　本件行為は、不法行為に該当し、違法と判断された。

【判決に際し考慮された要素と4つの指標への当てはめ】

（○はパワハラを否定する方向、×は肯定する方向の要素）

①「適正な業務の遂行」を目的としたものかどうか

○　コスチュームの着用は、X個人に対する人格攻撃の目的ではなく、レクリエーションや盛り上げ策を目的としており、妥当である。

②内容や態様について「合理的な必要性」があるか

×　コスチュームの着用は、事前に告知もされておらず、当日も、自由意思の確認はなく、むしろ実質的に拒否できない状態で強制といえる態様で実施されている。そのような状態では、「レクリエーションや盛り上げ」の目的も達成できない。

×　実質的に、終日にわたってコスチュームの着用を求めている。

×　業務内容や研修会の趣旨と全く関係がない。

③叱責だけでなく、成長をサポートする言動や体制があるか

　　（言及なし）

④人格攻撃や嘲笑になっていないか

×　コスチュームの着用によってXは精神的苦痛を受けており、実際に、本件の後、間を置かずしてクリニックへの通院を開始している。

事例 6	社内の報告会で、成績の悪い社員に コスチュームを着用させた行為はパワハラに当たるとされた

判断のポイント

　本件では、レクリエーションや盛り上げの目的で、コスチュームなどの仮装を指示する目的は妥当とされており、ただ、事前に告知もなく、当日拒否できる状況でもないまま、事実上強制された点を問題にしています。

　もし、この目的が、コスチュームを着せて辱めを受けさせたり、からかいや嘲笑の的にしようという意図であれば、目的そのものも違法となったと思われます。

　一方、このような場合、コスチュームの着用が自由意思であり、写真撮影や使用についても本人の承諾を取るなどしていれば、手段としても、違法とはならなかったとも考えられます。

　会社の業務遂行上やむを得ない精神的な苦痛などは、「業務の適正な範囲内」といえますが、本件のように、会社の業務遂行そのものとは直接関係しないものについては、対象者の精神的負担にならないよう、十分配慮する必要があります。

相談対応の注意点

　会社の運営にも、ユーモアや盛り上げは必要ですが、こうした行為は、会社の業務遂行の目的そのものとは関係のない場合が多いといえます。そのような場合には、**実質的に本人が拒否できない状態で行われると、不法行為になることもあり得ます**ので、悪ノリややりすぎにならないよう、注意が必要です。

213

事例 7

「口の悪い上司」の言動についての
パワハラ該当性の基準が示された

部下に対する注意や指導において、「アホ」「殺すぞ」などの粗雑な発言について、直ちに違法となるわけではないが、特段の緊急性や重大性もないのに、これが日常的に繰り返されるときは、仮に実際に害悪を加えるつもりがないことが分かる場合であっても、不法行為に該当するとされた事例。

【アークレイファクトリー事件　大阪高裁H25.10.9労判1083号24頁】

登場人物

本人Ｘ：派遣労働者として常勤する従業員。

上司Ａ：正社員であり、製造ラインの責任者として、Ｘを含む派遣労働者に対する指示・監督を担っていた。

事案の事実

　本人Ｘは、派遣社員として勤務していたところ、上司ＡはＸに対して、以下のような言動を行った（抜粋）。

(1) ＸがＡの指示で行っていた作業を、別の上司の指示で中止した際に、Ａは、具体的な事情や状況を確認することもなく、頭ごなしに「命令違反」などとＸを責めることがたびたびあった。

(2) Ｘが体調不良で欠勤した際に、具体的な事情を聞いたり、根拠に基づいたりすることもなく、「パチンコに行っていた」などと非難することがあった。

(3) Ａは、Ｘに対し、冗談を述べ合う中で、次第にエスカレートし、Ｘが大切にしている自家用車に危害を加えるかのようなことを言い、Ｘがやめてほしいと懇願するにもかかわらず、なお執拗に言い続けた。具体的には、「何しとんねん、お前。お前、コペン帰りしな覚えとけよ。剥がれてるぞ、あれぐにゃーとなっているぞ」「そんなことせんでも塩酸をこうチョロ、チョロ、チョロと」などと発言した。

214

事例7 「口の悪い上司」の言動についてのパワハラ該当性の基準が示された

(4) AはXに対し、Aが指示どおりの業務を行っていなかったことを叱責する中で、「アホ」「殺すぞ」などと発言した。なお、Aには、実際にXの身体や自家用車に危害を加える意図はなく、それは、Aが日ごろからそうした粗野な言動を繰り返す人間であったことから、Xも理解していた。
(5) Xが、指示どおりの作業を行わなかったことに対してAが注意指導をした際に、X自身も自分の意見を述べるなどして話をしている中で、AがXに対して、「頭の毛、もっとチリチリにするぞ。ライターで」と述べた。

【本人の言い分】

・体調不良で欠勤した際にも、根拠もなく「パチンコに行っていた」などと非難されたのは、不法行為に該当する。
・上記(3)、(4)、(5)などは、暴言、脅迫であり、不法行為に該当する。
・上記行為(1)～(5)は、全体として、Xの人格権ないし人格的利益を侵害する、社会通念上、相当な限度を超えた違法な行為（不法行為）である。

結論

これらの行為のうち、(5)は不法行為には該当しないとされ、(1)～(4)については不法行為に該当するとして、原審は88万円の慰謝料の支払いを命じ、控訴審である本裁判例でも、減額されたものの33万円の慰謝料の支払いが命じられた。

▶▶ 【判決に際し考慮された要素と4つの指標への当てはめ】

（○はパワハラを否定する方向、×は肯定する方向の要素）

①「適正な業務の遂行」を目的としたものかどうか

○　監督者が監督を受ける者を叱責し、あるいは指示等を行うという目的は正当である。

○　(4) の言動は、いずれも、真意ではなく実際に危害を加える目的はない。

②内容や態様について「合理的な必要性」があるか

×　(1) については、「命令違反」との言葉が軽い気持ちで言われたものであったとしても、Xにその点が伝わっていたとはいえず、指導監督を行う立場の者であれば、業務命令の適切な遂行を期するためには、監督される立場の者、特に契約上の立場の弱い者を理由なく非難することのないよう、命令違反との重大な発言をする前に事情聴取を行うべきであったから、発言としては不用意といわざるを得ない。

×　(2) については、仮にAが冗談で述べているものとしても、労務管理事項や人事評価にも及ぶ事柄でもあり、監督者が監督を受ける者、特に契約上立場の弱い者の休暇取得事由を虚偽だと認識している可能性というものが、全くの冗談で済む事柄かどうかは監督を受ける者の側では不明なのであり、通常、監督者にそのような話をされれば非常に強い不安を抱くのは当然であるから、不適切である。

×　(3) (4) の言動は、指導に従わない、ないし従う能力のない者に対し怨念や私憤をぶつけるものと受け取られる恐れのある言葉である。

事例7　「口の悪い上司」の言動についてのパワハラ該当性の基準が示された

「殺すぞ」などの言葉は、仮に「いい加減にしろ」という意味で叱責するためのものであり、Aが日常的に荒っぽい言い方をする人物であって、そうした性癖や実際に危害を加える具体的意思はないことをXが認識していたとしても、特段の緊急性や重大性を伝えるという場合の他は、そのような極端な言辞を浴びせられることにつき、業務として日常的に被監督者が受忍を強いられるいわれはないのであって、違法である。

（5）については、対象発言の後も、AとXは互いに自分の意見を述べながら議論をしており、その前後のやり取りを通じてみれば、本発言は冗談であるとして受け流されているものとみられ、極めて不適切とまではいえない。

③叱責だけでなく、成長をサポートする言動や体制があるか
（言及なし）

④人格攻撃や嘲笑になっていないか

本判決では、Aの言動が人格攻撃や嘲笑になっているとの認定はなされていない。

判断のポイント

　本判決で問題にされた行為のうち、（1）及び（2）については、指揮命令権を持っており、評価権者でもあるAが、Xに対して、事実関係の確認もしないまま、不用意にXの評価に直結するような不利な事実を決めてかかったというものであって、これも一連の言動の関係で、不法行為とされました。
　また、言動についても、もっぱら「アホ」「殺すぞ」といったような言葉を日常的に使い、特にそれが害意を持っていないことは言われた方も理解しているという場合であっても、これが継続的に繰り返される場合には、

やはり不法行為になり得ると判断しています。

　一方で、本裁判例の認定では、こうした言葉であっても、「事態に特段の重要性や緊急性があって、監督を受ける者に重大な落ち度があったというような例外的な場合」には、不適切とまではいえないという趣旨の判示もされている点は注目に値します。例えば、けがや事故に繋がる危険性のあるミスをした従業員に対し、反射的にこうした言葉を1回言ったからといって、それが直ちに不法行為になるわけではありません。

　また、（5）については、日ごろからXが自分の頭の縮毛をネタにしていたというような背景も踏まえ、「頭の毛、もっとチリチリにするぞ。ライターで」という発言が出たとしても、そのあともお互いに聞き流して会話を続けていることなどから、単なる冗談であって、不法行為には該当しないと認定しています。これは、この発言に特段の害意や嫌悪感もなく、注意の際の軽口ともいえるものであることからも、首肯できる認定といえます。

　本件は、全体としてみれば、口の悪い上司の日ごろの行き過ぎた発言が問題にされた事例といえますが、「日常的に繰り返される」「本人が嫌がっているのに執拗に言い続ける」、又は「評価権者の発言としては冗談として聞き流すことはできない」ものなどについては違法とされている一方、発言内容全体から見て、明らかに冗談として聞き流せるようなものについては、違法性がないと判断しているといえます。

相談対応の注意点

　上司が部下に対して適切な指揮命令や指導を行うためには、**まず事実関係を正しく確認、把握することが必要**です。このステップを飛ばし、決めつけてかかることは、そもそも指導の合理性を欠くことにもなり、パワハラに繋がります。

　叱責する前に、まず「叱責する必要があるかどうか」や「具体的に、次からどういう言動を要求するのか」を確定しないと、叱責のしようもありません。**上司には、まず、事実関係を冷静に把握することが求められます。**

事例 7	「口の悪い上司」の言動についてのパワハラ該当性の基準が示された

　また、「口の悪い上司」についても、軽口や冗談が全て違法になるわけではありませんが、本裁判例が示すように、一定の場合には違法となることがありますので、そういったリスクを減らすためにも、**「対等な大人同士の注意」として適切でない言葉は、使わないようにすることが必要**です。

事例 8

「暴言」について、他の要素を考慮して、パワハラに当たらないとされた

指導に際してなされた「ほんとにいらねえよ」「お前はもういる場所ないんだ」などの発言がパワハラではないとされた一方、退職勧奨に関し、親に圧力をかけるかのように伝えた行為がパワハラとされた事例。

【東京地裁 H28.3.17 平27年（ワ）第13435号】

登場人物

本人X：スーパー事業を営む会社の正社員であり、勤務歴23年。
上司A：管理部門担当の常務取締役であり、Xの上司に当たる。

事案の事実

　本人Xは、日ごろから勤務態度等について問題を抱えており、具体的には、無断で離席したり、郵便物を取りに行ったまま帰って来ず、廊下や給湯室で他社の人と会話をしている、不要な外出をするといったことが頻繁に確認され、また、在席中も、居眠りをしたり、来客に挨拶をしなかったり、電話応対をしないことが多かった他、上司の指示について、そもそも無視して返事をしなかったり、報告を要求されていても報告しないといったことが散見されていた。

　こうした問題行動に対して、Xの直属の上司である担当マネージャーなどが指導することとされており、それでも改善されない場合は、上司Aら役員が直接指導することとなっていたため、Aが指導を行うこととなった。

　会社内で業務効率化を推進するためのアンケートを実施したところ、Xの勤務態度や業務上のミスの多さを指摘する回答がみられた。

　Aは、Xに対し、口頭で何度も指導してきたにもかかわらず、他の従業員と比較して極めて業務の遂行が遅くミスが多い状況にあるため、今後は業務に集中して効率化を図りミスを少なくするよう努力し、指示を受けた業務については期日内に業務を遂行して報告すること等を内容とする指導書を交付したところ、Xは、これを受領し、指導を受けた事項について改

善するよう努力するとして、署名押印した。

このような背景事情の下、AからXに対して、次のような4つの言動がなされた。

(1) Aは、土曜日・日曜日と連続する形で有給休暇の利用を申し出たXに対し、「何で自分だけおいしいとこばっかり休むんだよって言いたいの、俺は」「それだったらさ、もうさ、申し訳ないけど、パートさんになってくれよ、ほんとに。社員としてさ、みんなのリーダーに任せるっていう気概がないんだったらもう、ほんとにいらねえよ。何でお前、パートさんの年収の3倍ももらってやってんのにそんな程度なの？」などと述べた。

(2) Aは、Xに対し、「あなたは、正社員でうちの会社にいる意味は何なの？」「お前の時給はもうパートナーさんに比べて何倍だと思っている？　そんなお前、ぷらぷらするんだったら、パートナーさん雇ってやってもらったほうがいいんだよ」「お前はもういる場所ないんだ」「お前、総務の仕事やるったってお前、能力が不足しちゃってるから、字を書けったって書けねえだろ」「申し訳ないけどさ、お父さんのコネでうちの会社で雇ったっての、義務はもう果たしてる、うちは、正直言って」などと述べた。

(3) 退職するかどうかについて逡巡し決定ができないXに対して、Aは、「あなたが結論出ないんだったら、俺、お父さんに、と話すから。ずっとやっぱりもう我慢して負担を感じながらやってきたんだけど、もう無理だよ」「あなたの場合はお父さんのコネで入ったという前例があるから、俺からお父さんなりお母さんなりに話すよ」「今回のムダ発見アンケート？ああいう発表の仕方がいいかどうか分かんないけども、周りがあなたに注いでいる厳しい見方って分かったろ。あれがいいとは思わないよ、ああいう個人攻撃に使うのはよくないと思うけども、だけどああいう、社内の反感浴びてるっていうことについてどう思う」などと述べた。

(4) Aは、Xに対し、「パートナーさんだって見てごらん、そんなにぷらぷらしている奴はいないじゃねえか、誰も。何で正社員でいい給料もらってるお前がぷらぷらぷらぷらしてるんだって、みんな思ってんだよ」「何でそれが分からないんだってもう何年も何年も言ってきてるじゃないか」などと述べた。

その後、うつ病となったXが、上記言動（1）～（4）のようなパワハラを受けたことがその原因であるとして、会社に慰謝料等を請求した。

会社が調査を行ったところ、XがAからパワハラを受けていたと思うかという質問については、24名のうち22名が否定し、1名は「帰社の促し方がきつく感じられた」としたが、上記（1）～（4）のような言動を問題とする回答はなかった。また、歴代の上長5名に実施したアンケートでは、いずれもAのXに対するパワハラを否定するとともに、Xについて、業務に対する集中力が不足している、協調性がなく自己中心的である、社会人としてのルールを守らない、業務命令に対して不平不満から入り不承不承の行動が多々あったなどと回答した。

Xは、Aの上記言動（1）～（4）などがパワハラに当たるとして、慰謝料の支払いを求めて訴訟を提起した。

【本人の言い分】

・Aは、（1）～（4）の言動などで、Xの人格を否定したり、自発的な退職に導こうとしたり、勤務態度を誹謗するなどしていたのであり、これらはパワハラに該当する。

結論

本判決では、Aの言動のうち、言動（3）のみをパワハラであると認定し、（1）、（2）、（4）については、パワハラに該当しないと判断した。

| 事例 8 | 「暴言」について、他の要素を考慮して、パワハラに当たらないとされた |

【判決に際し考慮された要素と4つの指標への当てはめ】

（○はパワハラを否定する方向、×は肯定する方向の要素）

① 「適正な業務の遂行」を目的としたものかどうか

○ 言動（1）については、会社としては、日ごろから有給休暇について他の社員と調整し不公平にならないよう取得することを要請しているところ、Xが、他の従業員と話し合うなどして上記調整をすることをせず、土曜日ないし日曜日に連続する形で有給休暇を取得することを繰り返しており、今回も同様の申請であったことから、再調整を促すために行ったものであって、目的は正当である。

○ 言動（2）についても、Aが、勤務態度等に問題を抱えるXについて、何度注意してもそれが改善しないことから、この半年が最後のチャンスであり、仮にそれでも勤務態度が改善されないとなると会社に居場所がなくなってしまうと警告して、Xに改善を迫ったものであるから、目的は正当であるし、AがXに対して退職勧奨したものであるとは認められない。

× 言動（3）については、Xが退職を決断しない場合にはXの父母を訪ねるつもりであることも示唆して、Xを事実上退職せざるを得ない状況に追い込むためにした言動であるとみるのが相当であり、目的は不当である。

○ 言動（4）についても、言動（2）などと同様の趣旨であって、目的は正当である。

223

②内容や態様について「合理的な必要性」があるか

言動（1）、（2）、（4）については、一部、語調に強い部分があることは否めないものの、「字が書けない」という言動は、長期間勤務しているXが未だに香典袋の宛て名書きや挨拶状なども書けないということを指摘したものにすぎず、他の言動も、縁故採用が多いことなどを背景とした言動であって、すでに長期間にわたってXを指導してきたことを意味するものであると認められるから、パワハラとはいえない。

言動（3）については、Xを退職に追い込むことが目的であり、その目的達成のために、両親に圧力をかける趣旨のものであって、任意の退職を促す退職勧奨の範囲を超えている。

③叱責だけでなく、成長をサポートする言動や体制があるか

長期間にわたって、粘り強く会社が指導を行ってきた。

④人格攻撃や嘲笑になっていないか

本判決では、Aの言動が人格攻撃や嘲笑になっているとの認定はなされていない。

判断のポイント

本裁判例では、かなり厳しい言葉や、必ずしも丁寧ではない言葉が使われているにもかかわらず、言動（1）、（2）、（4）はパワハラに該当しないと判断されています。これは、長期間にわたって、会社がXを指導してきたこと、それにもかかわらずXは勤務態度を改めようとせず、状況に改善が認められなかったことなどが考慮されたといえます。

また、言葉は厳しいものではありますが、Aの発言の意図は、感情や怒りをぶつけるものではなく、長年指導してきて改善が見られないのであ

から、このままでは会社にいられなくなることを伝え、発奮を促すとともに、改善しない場合は厳しい処分もあることを伝えるものであって、実質的には、業務の適正な範囲内といえます。

　一方で、退職勧奨に該当する部分については、単に両親と相談するという趣旨を超えて、本来、あくまで「任意の退職」を促す行為である退職勧奨の範囲を超えて、事実上退職を強制する行為であると認定しています。

　これは、上記「言動（3）」には含まれていませんが、同時期にＡがＸに伝えたと認定された、「うちの会社に居続けるというんであれば、もうほんとに、こんなことはしたくないけども、もうそれなりの正当な理由をつけて、裁判でも何でもやるしかないなと」「できれば、今年の年末までぐらいに結論つけてもらうとありがたい」「もうケリつけられるの俺しかいないから、俺があなたに言う。もう身引いてくれ。それしかない」といった発言などを通してみた結果、退職を強要するものであると認定しています。

相談対応の注意点

　パワハラは、言葉尻ではなく、その目的、手段、背景などを総合的に考慮し、嫌がらせや感情的なものではなく、業務上の適切な目的達成のために、合理性があるかといった点で考える必要がありますが、本裁判例も、これを踏襲したものといえます。

　パワハラかどうかという判断は、**4つの指標から、総合的な判断が必要**ですし、そもそもその行為や発言が、業務上の必要性のために合理的に行われているのかどうかを、冷静に判断する必要があります。

　なお、退職勧奨については、自由意思に基づく任意の退職を提案、推奨する範囲では違法ではありませんが、本人が拒否しているのに執拗に退職を求めたり、事実上の圧力になるような手法を使ったりして、**事実上の強要となる場合には、そのような退職勧奨行為自体が違法となる可能性がある**点に注意が必要です。

225

事例 9

実績に応じた低評価や指導は適法とされ、
人格否定発言がパワハラとされた

会社による低評価、本人が「負担が大きい」と主張する業務を行うよう命じた会社の指示、残業を減らすように求める指示、「もうちょっとできる人に代わってもらおうと思ってる」「やったろか、片手間で。あんたの仕事」などの発言がパワハラではないとされた一方、「能力が低い」「出来が悪い」といった発言がパワハラに該当するとされた事例。

【東京地裁 H28.7.26　平 26 年（ワ）第 15952 号】

登場人物

本人Ｘ：倉庫業を営む会社の正社員として雇用されていたが、定年により
　　　　退職をした。
上司Ａ：Ｘの上司である部長。

事案の事実

　本人Ｘは、長年勤務をしていたが、業務が不正確だったり、指示したことをやっていなかったり、問題に対して根本的な対応をとることなく表面だけで帳尻を合わせるようなことが多くみられ、会社からの評価は、低いままであった。

　また、Ｘは、残業が常態化しており、時間外労働の時間数が月 45 時間を超えている月、あるいは少なくとも 45 時間に近い月が多く、ときに 80時間〜 90 時間になる月もあった。しかし、Ｘが行っている業務は、それほどの残業を要する業務とは思われなかった。これに対し、上司Ａや会社は、残業を減らすように指示をしたが、残業は減らなかった。

　このような状況で、Ａ及び他の上司は、Ｘに対し、以下のような言動を行った。なお、これらの発言は、特に声を荒らげたり大きくしたりすることはなく、行われた。

(1)「今考えてるのは、もうちょっとできる人に代わってもらおうと思っ

226

| 事例9 | 実績に応じた低評価や指導は適法とされ、 |
| | 人格否定発言がパワハラとされた |

てるわけ。そしたら多分（残業が）なくなると思うわけ」と発言した。

(2) 「（Xの残業が）目立っているというか恒常化しているんじゃないかという感じが私はするんだけど。だから生活給の一部になってしまってる形なのか、残業減らす手段や策は考えられないのか。例えば今の1日の行動の中で、なんか工夫する余裕がないのか」と発言した。

(3) 重要な非常用電源についての緊急時の具体的対応についてXが答えられなかったのに対して、「あんたなんか要らないんだよ」「こんな出来の悪いのに任せっぱなしにしてるからやねぇ、いい加減なことになっちゃうんだよ」と発言した。

(4) 早く仕事を片付けて帰るようにという指導の中で、「あんたに長いことおってもらっても会社も困るし」「能力が低い」「能力が低いとしか言いようがない」と発言した。

(5) Xの残業を減らそうとする中で、Xが「業務量が忙しい」と言うのでヒアリングしたところ、業務の絶対量が多いとは感じられなかったため、「時間かかる？それで？やったろか、片手間で。あんたの仕事」「俺はできるから言っとるわけ」と発言した。

(6) Xが、具体的に残業して何をしているのかを説明もせず、毎日残業申請も出さずに1か月をまとめて出すというような対応をしており、Aが粘り強く残業してやっている職務の内容を聞こうとしても、むしろAを揶揄するかのような発言をし、「自分の何が悪いのか」と開き直ったため、AがXに対して、「悪いこと？出来が悪い。出来が悪いというだけの話。しかも人が言ったことを全く無視してる。サラリーマンとして最悪じゃない？」「能力が劣っていると思う」「能力が劣っているのと、やり方が悪い」などと発言した。

　その後、Xはうつ病と診断された。そこで、Xは、会社に対し、これらのAの行為がパワハラに該当し、不法行為に当たるとして、損害賠償を請求した。

227

【本人の言い分】

- Xに対する会社の低評価は、裁量の範囲を超え違法である。
- 長期間にわたる時間外労働を放置してうつ病を罹患した、会社の安全配慮義務違反に当たる。
- Aの言動（1）～（6）などは、いずれも、業務における適正な指導の範囲を逸脱し、単にXの人格を否定することを目的としたものであった。これらは、職場の上司という優位性に基づく脅迫・名誉毀損・侮辱等の暴言等であり、重大なパワハラであって、Xに対する不法行為に当たる。

結論

会社がXを低く評価したこと、残業が多い状態を継続させたこと、及び上記言動のうち（1）、（2）、（5）はパワハラには該当しないとした。一方で、上記言動のうち（3）、（4）、（6）はパワハラに該当すると判断した。

【判決に際し考慮された要素と4つの指標への当てはめ】

（○はパワハラを否定する方向、×は肯定する方向の要素）

①「適正な業務の遂行」を目的としたものかどうか

○　人事評価については、差別や、嫌がらせなどの不当な目的がない限り会社の裁量であるところ、本件では、そのような不当な目的は認められない。

○　残業を減らすという命題の実現がそれほど容易ではないとしても、だからといって、残業を減らすように業務指導を繰り返すこと自体が、直ちにパワハラになるわけではない。

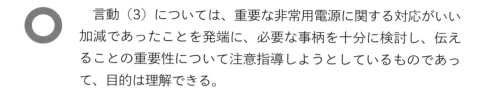

事例9　実績に応じた低評価や指導は適法とされ、
　　　　人格否定発言がパワハラとされた

○　言動（3）については、重要な非常用電源に関する対応がいい加減であったことを発端に、必要な事柄を十分に検討し、伝えることの重要性について注意指導しようとしているものであって、目的は理解できる。

○　言動（4）については、Xに残業を減らそうという気持ちがなく、改善しようとする姿勢も見られないことから、改善を放棄するのであれば能力の問題と考えざるを得ないという趣旨で、改めて業務改善を促したものと解することができる。

②内容や態様について「合理的な必要性」があるか

○　低評価についても、Xの勤務態度や実績に照らして、会社の裁量の範囲内である。

○　労働時間については、それほど長時間とはいえず、また、内容的にもそれほど負荷の高いものではない。

○　AのXに対する面談は、全て個室で行われ、他の社員の面前で行われたことはなく、この個室は、他の社員が執務する場所とは隔てられた場所に位置している。面談の参加者は、必要な人数に限られ、Xの直属上司など関係者のみであった。

○　いずれの面談においても、終始穏やかな口調で面談が進められており、Aが激高したり、大声を出すといったことはなかったし、これに対し、Xも、自らの言い分を主張するなどしている。

○　言動（1）は、Xが「できない人」であることを示唆するように思われ、表現として穏当を欠く面があるといえるが、これは、その前後の文脈も踏まえれば、退職の強要といった趣旨に解す

229

べきものではなく、他の者であればより効率的に業務を遂行して残業を抑えることができる旨を指摘し、Ｘとしても、効率よく業務を行うようにすべきである旨指導の一環として述べたものと解され、なお業務指導の一環として是認することができる。

○ 　言動（2）についても、前後の文脈をみると、より合理的な業務遂行の方法を検討する中で、発言を全体としてみれば、Ｘの業務遂行の在り方を問いただし、Ｘ自身が業務の効率化に向けて改善を図るよう働きかけている点は一貫しており、残業が生活の一部になってしまっているのではないかとＸに再検討を求める趣旨に解され、業務指導の一環として是認することができる。

× 　言動（3）については、目的は理解できるものの、手段として、Ｘの存在意義そのものを否定する趣旨に解され、Ｘのなすこと全てが不出来であると決めつける趣旨に解されるので、その背景にＸに対する業務指導を行う意図があったとしても、表現として穏当を欠くだけでなく、もはや業務指導の範疇を超えて、Ｘの人格を否定し、侮辱するに至ったといわざるを得ない。

× 　言動（4）については、「能力が低いとしか言いようがない」といった発言は、発言の相手方について、その能力を全体として否定する趣旨に解さざるを得ず、その背景に相手方に対する業務指導を行う意図があったとしても、表現として穏当を欠くだけでなく、もはや業務指導の範疇を超えて、相手方の人格を否定し、侮辱するものといわざるを得ない。

○ 　言動（5）については、業務量が多いとはいえないにもかかわらず、残業を減らそうとしないＸに対してなされたもので、この表現をもって、業務指導の範囲を逸脱したものとまではいえ

| 事例9 | 実績に応じた低評価や指導は適法とされ、人格否定発言がパワハラとされた |

ない。

　言動（6）については、Xが開き直り、「部長、部長、何ですかねぇ、ふふっ、私何か悪いことしましたか。ふふふっ。はっきり言って。何もしてない」と揶揄するような発言をしたことに対してなされたものであるが、だからといって「能力が低い」とか「出来が悪い」などといった表現を用いることは、具体的な事柄を取り上げて発言の相手方を指導するというよりは、発言の相手方について、その能力や当人の行っていることを全体として否定する趣旨に解され、その背景に相手方に対する業務指導を行う意図があったとしても、もはや業務指導としての範疇を超えて、相手方の人格を否定し、侮辱するものといわざるを得ない。

③叱責だけでなく、成長をサポートする言動や体制があるか

　Xは、長期間にわたって何度も指導を受けていたが改善がみられなかったのであって、Xの業務遂行上の態度には問題がないとはいえない。

　Aは、問題があればその都度Xと面談して指導するなどしていたことが認められるから、パワハラに該当するかどうかは、発言の文言のみではなく、経緯や文脈も踏まえ、その発言の持つ意味について、業務指導という目的に適うか、適切な範囲の方法や表現かを、検討する必要がある。

④人格攻撃や嘲笑になっていないか

　目的は正当であったとしても、具体的な業務内容についての指導ではなく、「能力が低い」「出来が悪い」といった人格全体を非難する言葉は、侮辱と捉えられる。

231

判断のポイント

　本件は、X自身の勤務態度や実績に問題があり、会社側としても、感情的になることなく、長期間にわたって指導を繰り返した事例です。

　本裁判例も、この点を評価しており、そのような背景の下では、パワハラに当たるかどうかの判断については、「当該発言の文言のみをみるのではなく、こういった経緯及び発言の前後の文脈も踏まえた上で、当該発言の持つ意味について、業務指導をするという目的に適っているか、その方法や表現として適切な範囲を逸脱していなかったかといった見地から検討する必要がある」とし、具体的な言動についても、多くを「パワハラには該当しない」と判断しました。

　ただ、そういった背景や、むしろXの受け答えに問題があってAが発言した内容であっても、具体的な事実に基づく改善点や評価を述べるのではなく、抽象的に人格全体を非難するような「出来が悪い」「能力が低い」「能力が劣っている」等の発言は、なおパワハラに該当すると判断しました。

　このような、具体的な改善点や指示ではなく、抽象的な人格全体に対するネガティブな評価は、指導の目的である業務改善や組織の生産性向上とは関係がありませんので、その発言は、結局のところ、自分の感情をぶつけるものでもあるといえ、こうした発言がパワハラになりやすいことを、改めて明らかにした事例といえます。

相談対応の注意点

　パワハラの問題は、言われる方にも、相当の問題がある場合も、往々にしてあります。しかし、そのような場合であっても、**「感情的」になって、その感情をぶつけてしまうと、パワハラになりやすくなってしまいます。**

　こうした言動に対する対応は、低い人事評価や、懲戒処分、適法な退職勧奨、あるいは、解雇などによって行われる必要があります。

　上司も人間ですから感情的になるのはやむを得ませんが、それをぶつけてしまうのではなく、**あくまで対応は、許された業務命令権や人事権の中で行うよう、注意が必要です。**

232

事例 10

穏当さを欠く言葉につき、指導のために行われたものであってパワハラに当たらないとされた

「ここの仕事向いていると思う?」「人間的に無理」などの言葉、及び休憩時間に昼食を一緒にとることを拒否したことが、いずれもパワハラには当たらないとされた事例。

【東京地裁H28.10.7　平27年（ワ）第310号】

登場人物

本人Ｘ：常勤の看護師として、健康診断を行うことを主たる事業とする組合に勤務し、看護科に所属していた。

上司Ａ：Ｘの上司で看護科課長。

上司Ｂ：Ｘの上司で看護科課長補佐。

事案の事実

　本人Ｘは、３年以上の経験のある看護師として採用され、健康診断業務に従事することが予定されており、入社後最初の３か月は、他の新人と同様、業務研修を受けることになった。

　しかし、Ｘは、その研修期間中も教えられたとおりの業務ができず、何度も同じミスを繰り返すなどして、研修終了後も１人で業務を任せられる状態にはなかったため、研修終了後も引き続き上司Ａ、Ｂなどが指導を行う一方、業務についても、Ｂなど他の看護師が同行せざるを得なかった。

　具体的には、以下のような問題点が見られた。

- 業務マニュアルどおりの処理ができず、伝票の記載を失念する、検体の並べ方や保管方法、ラベルの書き方などを間違えるといったミスを、何度も繰り返した。
- 検査室に患者を呼び込むのを失念する、カルテチェックの記入方法や検体の保管方法をマニュアルどおりに行わない、などのミスが続いた。

233

・ 処方薬の分量を間違えたり、胃カメラの事前消毒を失念したり、消毒液の本数を不足させたりした。

　これに対し、A、BがXに行った指導は、以下のようなものであった。

・ マニュアルを渡し、主にBが事前にそれらを説明した上、研修で実際にXに業務をやらせ、それをA及びBがチェックする方法で指導を行った。
・ 研修開始1か月が経過しても、基礎的な業務でミスを繰り返すXに対し、Bが、「すみません」ではそろそろ通用しないこと、今週の振り返りを来週に活かす必要があることなどを指導した際、Xが「土日をはさんで勉強してくる」旨の発言をしたので、A及びBも、「土日を使って覚えてきて」という発言をした（**言動1**）。
・ Xのミスが多いことが社内でも問題になった際、Bは上司から、ミスの内容などはきちんと記録しておくようにとの指示があったことから、以後、看護科の処置室のパソコンを利用して、Xに対する指導内容やミスの内容を記録するようになった（**言動2**）。
・ 研修期間が終了しても、Xは1人で業務を任せられる状態になっていなかったため、研修期間を延長し、Bが、Xに対し、改めて、実際に業務の手順を見せながら説明をし、メモを取る時間を与えたり、内容を振り返る時間を設けたりするなどの研修を行った。
・ 巡回業務についても、本来は常勤看護師2人でいくところ、Xのフォローのため、Xが行う場合は常勤看護師3人で行う体制とした。
・ 研修開始後2か月半がたった時点でも、Xはほとんどの業務を1人で行うことができず、常にBのフォローが必要な状態であった。この時点で到達度チェックを行った際、X自身も自己評価として、約2か月前の自己評価より低い評価をつけた。
・ このチェックシートについて話し合いをする中で、Bは、全てにおいてフォローが必要な状態であり、Bの負担も大きいと発言した。また、あわせて、研修期間を通常3か月でやっていたところを10か月計画にし

| 事例 10 | 穏当さを欠く言葉につき、指導のために行われたものであって パワハラに当たらないとされた |

て行おうと考えているが、それまでに独り立ちできなかった場合はそれ以上研修期間を延長するつもりはないことを伝え、それまでに独り立ちできなかった場合には、Xにおいてどうするか考えてほしい旨伝えた。これに対し、Xは、そうならないように予習復習を頑張りますと答えた（**言動3**）。

・しかし、Xは、その後も単純なミスを繰り返したため、Bは、「このままでは、周囲の人間の負担が大きすぎる。せめて、いつまでにはできるようになる、という目標を示してほしい」とXに問いかけたが、Xは、目標を示さなかった。

・そこで、Bらは、ナースだからここを辞めても仕事はあるはずであること、他の看護師は、変わらない給料で、Xのフォローをしながら、2倍3倍の仕事をしなければならない状況にあること、3か月とか6か月とかの期限が来ても、業務を行うことができるようになっていなければ、ここで働くことは無理だと納得して、辞めるということを考えられるのか等と発言した（**言動4**）。

・Aも、同席し、単純ミスが続き改善が見られない状況を指摘した上で、「だから、ちょっと考えた方がよいかもよ」と発言した（**言動5**）。

・その後、Xが看護科の業務ではないことをやろうとしていたため、それをBが止めたところ、Xは「別に誰がやったっていいじゃないですか。くだらないです。いい加減にしてください」などと反論した。これを受けて、Bが他の同僚に対し、こんな反論する後輩は初めてだとぼやいていたところ、この発言を耳にしたXが、「じゃあ、ここで出会ってしまいましたね」などと言ったため、Bは、「人間的に無理」と言った（**言動6**）。

・Bは、その後、口頭での注意ではXとうまくかみ合わないので、ミスをミスとして認識してもらい、その解決策を具体的に考えて改善してもらうために、客観的に残る書面でやり取りをした方がいいと考え、医師の了承を得て、ヒヤリ・ハット報告書実施要領を作成した上、Xに対し、胃カメラ実施前の動作確認を怠ったミス、胃カメラ予定者に胃部レント

235

ゲン受検者に行う筋肉注射を実施したミス、検査会社から送られてくる採血結果シールをごみ箱に捨てたミスなどについて、ミスの発生状況、実際の対応、ミスの原因及び今後の対策を記載したヒヤリ・ハット報告書を作成させ、提出させた**（言動7）**。

- その後、Xは、上司から「もう少し歩み寄る努力をしたらどうか」とのアドバイスを受け、Bらに対し、壁を作ってしまったことを謝罪し、今後は昼食を一緒にとりたいと申し出た。しかし、Bらは、Xとは溝が深くなりすぎており、普通に接することができるかどうか分からないので、保留にさせてほしい旨答え、一緒に昼食を食べるというXの提案を断った**（言動8）**。

Xは、その後、休職に入り、その原因はA、Bらによるパワハラなどであるとして、損害賠償請求訴訟を提起した。

【本人の言い分】

- 自分としては、しっかり勉強もし、ノートを取るなどしていたのに、Bらは、「看護科のルールどおりにできていない」と言って一方的に叱責した。
- Bらは、Xが些細なミスをする度に、執拗な叱責を長時間にわたって繰り返すようになり、かかる叱責はXの勤務終了後にも及んだ。
- 「別にナースの仕事、うちだけではないでしょ」「ついて来れないなら考えようか」などと退職を要求し、Xがこれを断っているにもかかわらず、「別にうちだけじゃないでしょ」「ここ辞めたからってナースだから仕事あるよね」などと執拗に退職を強要した。
- Bらに注意されて反論したところ、「仕事ができるようになったとしても、人間レベル的に無理」「一体いつまでここに居座るん

事例10　穏当さを欠く言葉につき、指導のために行われたものであってパワハラに当たらないとされた

　　だろうね。皆に迷惑かけて」などと罵られた。
・Bらは、Xの行為を逐一監督し、看護科内に設置したパソコンに記録して、それを見ながらひそひそ話したり、回し読みしたりして、嫌がらせを行った。
・Bらは、Xに退職を強要するため、嫌がらせ目的で「ヒヤリ・ハット報告書」なるものを作成させた。これは、Xのみを対象とするものであり、些細な、ミスとも呼べないような業務上のルールが遵守できなかったことを記録させるものであった。
・Xの方から、歩み寄る努力をしようとして昼食を一緒にとるなどの提案をしたのに対しても、これを拒否し、冷たくあしらった。
・上記の一連の行為は、Xに対する嫌がらせや退職の強要が目的であって、パワハラに該当する。

結論

　本裁判例では、上記A、Bの言動1〜8全てについて、パワハラには該当しないとして、Xの請求を棄却した。

【判決に際し考慮された要素と4つの指標への当てはめ】

（○はパワハラを否定する方向、×は肯定する方向の要素）

①「適正な業務の遂行」を目的としたものかどうか

○　　Xは、十分な指導や注意を受けたりしてもなお、ミスを繰り返しており、これらの手順不遵守やミスは、正確かつ効率的、安全に業務を遂行する要請が高い検診業務においては、業務効率の低下や検診内容の正確性にも影響を与えかねないものであって、正確性、安全性が要請される医療機関においては軽視することのできないものであるといえる。したがって、これらのミスに対して、Bらが、その都度必要な指導・注意を行うことは、

目的として正当である。

○　退職を求める趣旨の発言についても、Xがミスを繰り返していたことから、自立して業務を行えるようになる時期を目標として設定するとともに、改善できなければ勤務を続けることが難しくなることを自覚させるためになされたものであって、目的は正当である。

○　Xの言動を記録した行為についても、その業務実態、及びXに対する指導内容を把握し、その後のXに対する指導内容などの対応を検討するという正当な目的がある。

○　ヒヤリ・ハット報告書の作成についても、Xに、ミスをミスとして認識させ、解決策を具体的に検討させるために作成させたものであって、目的は正当である。

②内容や態様について「合理的な必要性」があるか

○　指導の内容や言動についても、その手段において一部Xに対する配慮に欠ける点があったこと、あるいは、指導に当たり穏当さを欠く表現が用いられたことは否定できないものの、全体としては、業務上の指導の域を超えたものではない。

○　退職を求める趣旨の発言についても、前述のとおりの趣旨を前提とすれば、一部穏当さを欠く部分があったことは否定できないとしても、退職強要の趣旨の発言とはいえない。

○　「人間的に無理」という発言も、Xによる挑発的発言を受けてのものであるから、単にBとXが口論したという性質のものであって、Bが一方的にXの人格を否定するような発言をしたもの

事例 10　穏当さを欠く言葉につき、指導のために行われたものであって
パワハラに当たらないとされた

ではなく、パワハラには該当しない。

○　ヒヤリ・ハット報告書は、いずれも、正確性、安全性が要請
される医療機関においては見過ごせないミスに関して、ミスの
発生状況、実際の対応、ミスの原因及び今後の対策を記載させ
たものであり、Xに対する指導として必要かつ合理的なものであ
ったといえる。

○　Bらが、Xの昼食を一緒にとろうという申し出を断ったことに
ついても、上司として部下に対する配慮に欠ける点があったと
見る余地はあるものの、業務時間外に食事を一緒にとるかどう
かという業務外の事柄に関する言動である上、すでにXの行為
にも起因してXとBらとの間の人間関係が壊れていた状態であ
ったことを考慮すると、その対応が違法であるとまではいえない。

③叱責だけでなく、成長をサポートする言動や体制があるか

○　Bらは、Xにマニュアルを渡した上、業務を行わせながら指導
をしていた。マニュアルには、基本的な業務の遂行方法や確認
すべき事項及び注意点が記載されており、Xは具体的業務内容に
ついてはマニュアルを見ながら、適宜説明を受け、その内容に
ついて、マニュアルやノートにメモを取っていたというのであ
るから、Bらは、Xに十分な指導を行っていた。

○　さらに、Xは、一定の研修を受けた後も1人で十分に業務がで
きる状況に達していなかったことから、Bらは、到達度チェック
シートを作成して業務の改善点を把握させ、業務内容を改善で
きるように指導したり、研修期間を延ばして、改めて、実際の
業務の手順を見せながら説明し、メモを取る時間を与えたり、
内容を振り返る時間を設けたりするなどの研修を行うなど、Xが

239

十分に業務を行えるようになるために、指導の在り方についても工夫を施していた。

④人格攻撃や嘲笑になっていないか

本判決では、A及びBの言動につき、Xに対する人格攻撃や嘲笑は認定されなかった。

判断のポイント

本裁判例では、Bらの言動の一部には感情的になったり、穏当さを欠くものが含まれていたと認定されているものの、全体として、Bらは、業務習熟度が低く同じミスを繰り返すXに対して丁寧に指導しており、あくまで「指導」を目的として接していたものであって、嫌がらせをしたり、退職を強要しようとしたものではないという点が重視され、いずれもパワハラではないと判断されています。

Xからの挑発的な言動に対して、つい穏当さを欠く発言をしてしまったからといって、直ちにパワハラとなるわけではなく、あくまで、全体を通じて、「指導」して「成長」させようとしているのか、それとも、「感情をぶつけ」たり退職を強要しようとしたりしているのかといった点が、総合的に判断されたといえます。

相談対応の注意点

本件でも、Bらの**1つ1つの言葉を切り出して問題にしているのではなく、一連の言動を通じて、Bらが何を目的として対応していたのかが重視**されています。また、一部の穏当さを欠く発言も、Xの言動に対してなされたものであるという**「一連の流れ」**が重視されています。

したがって、パワハラかどうかを判断する上では、発言や行為を単独で取り出すのではなく、前後の文脈や一連の流れも併せて把握、検討する必要があります。つまり、事実関係を記録するに際しても、そうした、**前後の一連の言動をあわせて記録しておくことが必要**といえます。

事例 11

厳しい言葉での指導も、人格非難に当たらなければパワハラにはならないとされた

「そんなことはどーでもいいから、目の前のことをやったらいいじゃないですか」「いったい何様なんですか」「何でもかんでも私に電話してこないでください」などの発言がパワハラに当たらないとされ、一方で、具体的な業務指導を離れて、人格非難に該当する言動については、パワハラに当たるとされた事例。

【国立大学法人筑波大学事件　宇都宮地裁栃木支部H31.3.28労判1212号49頁】

登場人物

本人Ｘ：大学病院の総務部医事課病歴室の診療情報管理士として勤務。勤続約３年。

先輩Ａ：Ｘの同僚。

上司Ｂ：Ｘの上司。医療情報部副部長。医師。

事案の事実

　Ａは、病歴室から異動する予定となり、引継ぎなどを行っていた。

　その過程で、Ａは、本人Ｘに対し、きつい口調で話をすることがあった。

　具体的には、「最低限日常業務くらいはやってもらわないと困る」「何でも私に聞けばいいやとか思わないでください」「そんなことはどーでもいいから、目の前のことをやったらいいじゃないですか」「（打ち合わせに出席して休憩をとらなかったことについて）そんな打ち合わせなんかに出る必要ない、いったい何様なんですか」「（ワーキンググループでのＸの説明について）あんなんじゃ全然ダメに決まってる、クオリティーが低いんですよ」などと発言した（**言動１**）。

　また、Ｘに聞こえる状況で、上司に対して、「診療情報管理士の資格を持っていても仕事ができないなら意味がない」「あんなんじゃいつまでたっても習熟度が上がらない」「他大学への照会なんか、そこに座ってる診

241

療情報管理士にでもやらせればいいじゃないですか、もう私に聞かないでください」等の発言をした**(言動２)**。

一方、Aの異動に伴い直接BがXに対して指導を行う機会が増えたが、その際Bは、Xに対して、大声で怒鳴ったり、同じ内容のことを繰り返すことがあった他、「何やってるの」「何がそんなに忙しいわけ、暇なはずでしょ」「何でそんなに時間がかかるわけ」「何でそんなことやってんの、もっと効率的にやらないといつまでも仕事が終わらないんじゃないの」等の発言を繰り返し行った**(言動３)**。

また、Bは、Xやその上司に対して、約１年間にわたり、「毎日やることになるけどたいした作業量じゃない、これくらい平気でしょ」「他に何かやることあるの、何か忙しいことあるの、忙しいわけないでしょ」「忙しいって言うけど何が忙しいか私には理解できないから」「あなたも、これでも大学病院で仕事している診療情報管理士なら何をどうするか考えくらい持ってないとだめなんじゃないの、案とかさ、前もどっかの大学病院にいたんでしょ」「ハードルも低いし、このくらいのレベルならあなたでも書けるでしょ」「レベルが低いから病歴でもやれるはず、低いからあなたにちょうどいい」といった厳しい叱責や非難を、時に過剰的になったり大声を出したりしながら、何度も繰り返し行ったため、Xは、Bを見ると過呼吸の症状を起こすようになった。なお、Bは、Xらに対して、「お前ら」「あんたら」などといった言葉を使うこともしばしばあった**(言動４)**。

なお、その後病院側は、Bに対し、直接Xに接しないように指示をした。

Xは、上記A及びBの行為がパワハラに当たるとして損害賠償を求める訴訟を提起した。

【本人の言い分】

・Aは、病歴室から異動させられたことを逆恨みし、Xに対する八つ当たりとして、あえて無視をしたり、引継ぎに非協力的な姿勢を見せたりしたものである。

| 事例 11 | 厳しい言葉での指導も、人格非難に当たらなければパワハラにはならないとされた |

- Aの発言及びBの発言は、いずれも、Xの人格を非難し、尊厳を傷つけるもので、業務上の正当な範囲を超えた侮辱を与えるものである。
- 特に、Bの発言中の「考えろ」「頭使え」といった発言を繰り返し行ったことは、業務指導の名を借りた個人攻撃であり、パワハラである。

結論

Aの言動（言動1、2）は、パワハラには該当しない。

Bの言動について（言動3）は、パワハラに該当しないが、（言動4）は、不法行為に該当するとして、30万円の慰謝料を認定。

【判決に際し考慮された要素と4つの指標への当てはめ】

（○はパワハラを否定する方向、×は肯定する方向の要素）

①「適正な業務の遂行」を目的としたものかどうか

○　Aの指導は、業務との関連で、Xに対する指導を行う必要性が高い状態であり、そのための指導や叱責がなされたものであって、目的は正当である。

○　Aの言動2についても、Xの上司に対してXに対する指導の必要性を説明する中での発言であり、発言の必要性はある。

○　Bの発言についても、業務との関係で、Xを指導、叱責する中で行われたものであり、病歴室に対して業務上の指示や助言をしたり、業務状況を確認する立場にあったBにおいて、Xに対して指導等を行う必要性に欠ける状況であったとは認められない。

②内容や態様について「合理的な必要性」があるか

○ Aの叱責は、Xに対する思いやりや配慮に乏しい面はあったといえるものの、人格非難に及んだり名誉感情を毀損するものであったとはいえない。

○ AのXに対する叱責は、引継ぎに際してなされた概ね1か月程度のもので、長期間ではなく、回数や頻度も限られたものであって、継続的、執拗なものであったとはいえない。

○ Aの言動2は、Xに聞こえる場での発言ということでXに対する思いやりや配慮が不足していたことは否定できないものの、Xに聞かせることを意図して行ったものではなく、継続的、執拗なものではない。また、Xに対する強い人格非難等に当たるものであったとまではいえない。

○ Bの言動については、そもそも業務の遅れなどは、人員配置上の問題や引継ぎ体制の不備が原因であって、Xに責められるべきいわれはないにもかかわらず、Bは、これら事情を考慮することなく、一方的にXを叱責している。

✕ Bの言動のうち、「あんたらがやってることはどこかに書いてあるんですか、前々からあなた方2人のやり方は気に入らないと思っていた」「あんたらが余計な事勝手にやってんじゃないかってことが言いたいんですよ、何勝手にやってんの」「あなた方のやり方は気に入らない」「お前らのやっていることは、我々教員に対して失礼だ」という発言は、当時叱責の対象とされた個別の具体的業務にとどまらず、Xの業務のやり方全般に対して強い非難を加えるものであって、人格非難に類する内容であったといえるし、「あんたら」「お前ら」という呼称及び大声を上げる

| 事例11 | 厳しい言葉での指導も、人格非難に当たらなければパワハラにはならないとされた |

という発言態様も病院事務室という職場環境に照らして威圧的で不穏当なものであり、Xに対して相当の精神的負担を生じさせるものであったといえる。

 BのXに対する叱責は、長期間、継続的かつ執拗に繰り返されている。

③叱責だけでなく、成長をサポートする言動や体制があるか

○ Aの言動は、Aの異動前後の一時的なものであり、日ごろはAとXとの関係に問題があったとはいえず、異動前後の一時的な上記言動1、言動2などを除けば、意図的にXを無視したり、Xに対して高圧的な振る舞いを続けるなどの行為をしたとは認められない。

 BがXに対して、叱責以外の具体的な指導やサポートをしたという事実は認定されておらず、むしろ、Xの状況を具体的にヒアリングすることもしていない。

④人格攻撃や嘲笑になっていないか

○ Aの言動は、Xに対する配慮に欠ける面はあったとはいえるが、人格非難や名誉感情を毀損するものとはいえない。

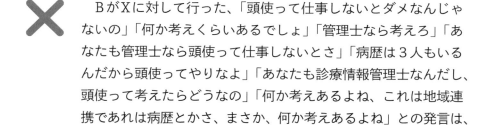 BがXに対して行った、「頭使って仕事しないとダメなんじゃないの」「何か考えくらいあるでしょ」「管理士なら考えろ」「あなたも管理士なら頭使って仕事しないとさ」「病歴は3人もいるんだから頭使ってやりなよ」「あなたも診療情報管理士なんだし、頭使って考えたらどうなの」「何か考えあるよね、これは地域連携であれは病歴とかさ、まさか、何か考えあるよね」との発言は、Xに対して、当時叱責の対象とされた個別の具体的業務にとどま

らず、業務全般において診療情報管理士として必要な検討や考察等ができていないと強い非難を加えるものであって、人格非難に類する内容であったといえる。

 BのXに対する、「ハードルも低いし、このくらいのレベルならあなたでも書けるでしょ」「レベルが低いから病歴でもやれるはず、低いからあなたにちょうどいい」との発言は、Xに対して、全体的に能力が低いと誹謗中傷したものといえ、人格非難に当たり、名誉感情を侵害するものであったといえる。

判断のポイント

本件では、Aの言動（言動1、2）及びBの言動のうち、（言動3）はパワハラではないとされ、Bの言動（言動4）はパワハラであると判断されました。

Aの言葉は、確かに思いやりや配慮が欠ける粗野な発言がありますが、内容としては、殊更Xを貶めるようなものではなく、引継ぎのやり方全体についての問題点を指摘するとともに、具体的なやり方についても、何でも自分に聞くようでは引継ぎが完了しないという思いから、若干粗野な発言が出たという程度であるといえます。この引継ぎ前後の粗野な言動以外の通常の上司（先輩）と部下（後輩）としての人間関係は、特段問題がなかったというのも、パワハラを否定するポイントになったといえます。

一方、Bの言動は、そもそも医師として事務方を見下す発言が根底にあり、業務の遅れなどについても背景や事実関係を確認して職場を上手く運営しようという姿勢がなく、全体条件や背景事情の確認も不十分で、頭ごなしに、怒鳴りつけるという手法が取られています。その言葉の内容も、具体的行為の是正を求めるものではなく、Xの人格や性格、能力そのものに対する侮辱が中心であり、それが長期間にわたって繰り返し執拗に行われたことを考慮して、「指導」の範囲を超えたパワハラであるとの認定がされたものです。

| 事例 11 | 厳しい言葉での指導も、人格非難に当たらなければパワハラにはならないとされた |

Bの部下に対する接し方そのものが問題であった事案ともいえるでしょう。

相談対応の注意点

指導や叱責は、**まず「正確な事実関係」を把握し、誰のどの点を具体的にどのように是正・改善すればよいかを考え、それを実施するために合理的に必要な指導や叱責を行うという手順**になります。そのような冷静な判断の結果が、厳しい言葉であったとしても、それは基本的にはパワハラにはなりません。また、そのような目的に出た言動が、多少粗野であったり、配慮に欠けたりしたとしても、直ちにパワハラになるわけでもありません。

したがって、指導や叱責を行うに当たっては、上記のような手順を念頭において対応することが必要です。

事例12

執拗な退職勧奨が違法とされた

「チンピラ」「雑魚」「向いてねえよ」「クソ生意気なことこきやがって」「もう客商売よしたほうがいいよ」といった表現につき、パワハラに当たらないとされた一方、退職を拒否する旨を明確に述べているにもかかわらず執拗かつ継続的になされた退職勧奨言動が、違法とされた事例。

【東武バス日光事件　東京高裁R3.6.16労判1260号5頁】

登場人物

本人Ｘ：バスの運転士として勤務していた従業員。
上司Ａ：Ｘの上司であり常勤役員として、人事、総務部門を統括している。
上司Ｂ：その他のＸの上司。複数人いるが、まとめて「Ｂ」とする。

事案の事実

　本人Ｘは、路線バスの運転士として勤務していたが、以下の例に見られるように、主に接客態度に問題が見られることが多かった。

- バスに乗り込んだ乗客に、レインコートが濡れていなかったにもかかわらず、「レインコートを脱ぐように」「濡れているとか、いないとかじゃなくて」などと発言した。
- 交差点の通行方法を巡って、他のバスの運転手に対し、窓を開けて大声で暴言を吐いた。
- 降車する乗客に対して「ここで降りても意味はない」という発言をした。
- 正当に乗車したものと思われる女子高生に対して、不正乗車と決めつけ、激しく非難した。なお、バス会社への報告では「優しく注意した」としていたが、カメラの映像を確認したところ、この報告は虚偽であった。
- 乗車態度が悪いとして男子高校生を注意した際に「次、殺すぞマジで」と発言した。
- 全体的に言葉遣いや接客態度が悪く、乗客に対して威圧的であった。
　会社は、このようなＸの接客態度に問題があると考え、改めて教育や研

修を受けさせ、感想文や改善点などを文書で記載させ、提出させるなどを
行った。

　具体的には、教育指導の開始当初は業務復帰訓練として特段の作業をさ
せず、その後は、運転士服務心得の部分的な閲読・筆写、過去の苦情案件
に係るドライブレコーダー映像の視聴をさせながら、被控訴人に過去の苦
情案件を惹起した原因について紙に記載させることを複数回繰り返させた
（言動１）。

　しかし、Xはこれらの問題行動の事情聴取や、研修にも、真剣に対応せ
ず、改善が見られない状況であった。

　会社は、研修を受けても、Xに十分な反省や改善が認められないと判断
し、自主退職を求める方針をとることにした。それを受けて、上司Aは、
Xに対し、３日間にわたって、「二度とバスには乗せない」「とりあえずも
うハンドルは握れない」「続けてもまた同じような形になるという（会社
の）判断である」などと発言した**（言動２）**。

　また、これら以外にも、A及びBから、Xに対して、以下のような発言
がなされた**（言動３）**。
- 「ブランドだろう？それに相応しい仕事してんのか？最低だよ。救いよ
　うがねえっつってんだよ。わかんねえな」「男なんだろう。ケツもてよ、
　やったことお前、責任とれよ」
- 「３年も経つとそういう風に態度も変わるんだな。たかが３年、駆け出
　しのガキだよ」「分かんべそれぐらい。ａ高校出てるんじゃ」
- 「３年もやってりゃ分かるなんてクソ生意気なことこきやがって」
- 「またやるよ。それでカーっとすると右も左も分からなくなるんじゃ、
　もう客商売よしたほうがいいよ」「何で来たの？うちへ」
- 「その辺のチンピラがやることだよ。チンピラいらねえんだようちは。
　雑魚はいらねえんだよ」

　しかしXは、これに対して「反省している。辞めたくない」と述べてあ
くまで退職はしないとの姿勢を取ったため、A及びBはXに対し、合計約
２時間にわたって、会議室及び事務室において、「男ならけじめをつけろ」

「他の会社に行け」「退職願を書け」などと述べて、繰り返し強く自主退職を迫った（**言動4**）。

Xは、これら言動1～4が、嫌がらせ目的や侮辱としてなされたパワハラに該当する行為であるとして、会社及びA、Bに対し訴訟を提起した。

【本人の言い分】

- 研修（言動1）は、過小業務を行わせるもので、嫌がらせ目的であり、パワハラに該当する。
- 言動2～4についても、侮辱的表現及び違法な退職勧奨として、不法行為に当たる。

結論

言動1～3については、いずれも違法行為とはいえない。
言動4については、違法な退職勧奨として不法行為に当たる。

【判決に際し考慮された要素と4つの指標への当てはめ】

（○はパワハラを否定する方向、×は肯定する方向の要素）

①「適正な業務の遂行」を目的としたものかどうか

○ 言動1の研修については、Xが惹起した苦情案件について反省を深めさせて再発防止を図るため、直ちに乗務に復帰させるのでなく、一定期間乗務をさせないで教育指導を実施することは、業務上の必要に基づく指示命令として、適法に行い得るものであり、その目的は正当。

○ 言動2及び3については、X自身の問題行動の深刻さや、研修によっても改善せずさらなる問題行動が懸念されたことなどの

事例12　執拗な退職勧奨が違法とされた

事情を踏まえ、その幹部職員や人事担当役員が協議した上で、Xに対し、辞職（自主退職）を求めたものであって、目的は正当。

言動2及び3については、継続性や執拗さがあるとはいえない。

言動4については、すでに繰り返しX本人が辞職しない旨を述べているにもかかわらず、その場で執拗に退職届を書かせようとするもので、強要される退職勧奨の範囲を超えている。

②内容や態様について「合理的な必要性」があるか

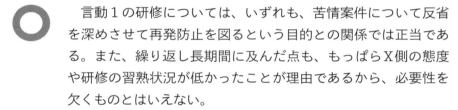
言動1の研修については、いずれも、苦情案件について反省を深めさせて再発防止を図るという目的との関係では正当である。また、繰り返し長期間に及んだ点も、もっぱらX側の態度や研修の習熟状況が低かったことが理由であるから、必要性を欠くものとはいえない。

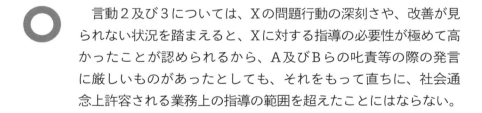
言動2及び3については、Xの問題行動の深刻さや、改善が見られない状況を踏まえると、Xに対する指導の必要性が極めて高かったことが認められるから、A及びBらの叱責等の際の発言に厳しいものがあったとしても、それをもって直ちに、社会通念上許容される業務上の指導の範囲を超えたことにはならない。

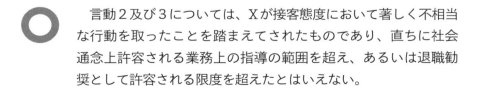
言動2及び3については、Xが接客態度において著しく不相当な行動を取ったことを踏まえてされたものであり、直ちに社会通念上許容される業務上の指導の範囲を超え、あるいは退職勧奨として許容される限度を超えたとはいえない。

〇 　言動３のうち、「チンピラ」及び「雑魚」の発言については、
Ａが、男子高校生の件に言及する中で、「殺すぞ」といった発言
をしたり本件男子高校生の在籍する高校を見下したりするのは
チンピラであり、会社にチンピラないしそれと同視できる雑魚
は不要であるとの趣旨で発言したものであり、業務上の指導と
無関係にＸの人格を否定するものとはいえないから、社会通念
上許容される範囲を逸脱した違法なものということはできない。

✕ 　言動４については、Ｘが辞めたくないと繰り返し述べているに
もかかわらず、執拗に辞職を迫り、考慮の機会を与えないまま
その場で退職願の作成等の手続をさせようとしたものであって、
Ｘの自由な意思決定を困難にするものであり、許される退職勧奨
の範囲を逸脱している。

③叱責だけでなく、成長をサポートする言動や体制があるか

〇 　Ａ及びＢは、研修や指導を行うなどして、Ｘの成長を目指した
努力をしている。

④人格攻撃や嘲笑になっていないか

〇 　本判決では、人格攻撃や嘲笑に当たるとされた言動はない。

判断のポイント

　本件では、Ｘに対するかなり強い言葉での叱責や指導、任意の範囲の退
職勧奨は、いずれも適法とされています。これは、Ｘ自身の接客態度の問
題が大きかったことや、本人が研修等に対しても不満を持っており、批判
的で、改善や再発防止が期待できない状況にあったことを踏まえたものと
いえます。

　一方で、退職勧奨については、あくまで任意での説得は許されるのです

が、その範囲としては「労働者がこれに応じるか否かを自由に決定することができることを要するのであって、それが労働者の自由な意思形成を阻害するものであってはならない」とされており、それを超える退職勧奨は、強要であり、違法となります。これを前提に、本裁判例でも、言葉尻を捉えてということではなく、本人が明確に拒否をしているにもかかわらず、事務室等で合計約2時間にわたり、執拗に、その場で退職届を書くことを要求し続けた行為全体をもって、違法な退職勧奨と判断しました。

相談対応の注意点

　退職勧奨については、あくまでも任意の説得の範囲で行う必要がありますので、本人が明確な拒絶意思を示しているのに、何時間も事実上拘束し、執拗に退職届を出すことを要求し続けるような行為は、たとえ言葉がそれほど厳しいものでなかったとしても、結果として違法と判断される可能性が高いといえます。

　退職勧奨自体は適法ですが、その進め方には、十分配慮が必要といえます。

【参考裁判例一覧】

注：裁判例の出典略語は以下のとおりです。

労経速：労働経済判例速報
労判　：労働判例
労ジ　：労働判例ジャーナル
判タ　：判例タイムズ
判時　：判例時報

参考裁判例一覧

No.	事件名／判決年月日等	適法性	判決概要	掲載頁
1	**下関商業高校事件** 最高裁S55.7.10労判345号20頁	×	退職勧奨に応じない旨の明確な意思表示を行った教諭に対し、3〜5か月間に12〜13回の長時間の執拗な退職勧奨を行ったり、組合からの待遇改善要求を承認する条件が対象教諭の退職であるなどと圧力をかけた行為が、違法とされた。	p.136
2	**イースタン・エアポートモータース事件** 東京地裁S55.12.15労判354号46頁	×	通常の口ひげを生やしているハイヤーの乗務員に対する、「ひげを剃って乗務をすること」との業務命令につき、その命令に従う義務がないとされた。	p.28
3	**東亜ペイント事件** 最高裁S61.7.14労判477号6頁	○	転勤命令に従わなかった従業員を解雇した行為につき、適法とされた。	p.23, 118
4	**平安閣事件** 最高裁S62.10.16労判506号13頁	×	雇い止めの効力を争って復職した従業員を退職させようとして、それまで専従の者を置いたことのない草取り、門の開閉、ガラス拭き、床磨きなどの業務を行わせたことが、不法行為に該当するとされた。	p.136
5	**東芝府中工場事件** 東京地裁八王子支部H2.2.1 労判558号68頁	○／×	問題行動のある従業員に対して繰り返し始末書の提出などを求めた行為につき、大半は適法であるが、些細なことに対して執拗に反省文を求めた行為等については、「いらだちによるもの」であって「感情に走りすぎたきらいがある」として、違法とした。	p.56
6	**国鉄鹿児島自動車営業所事件** 最高裁H5.6.11労判632号10頁	○	労働組合のバッジを付けて勤務したことに関し、対象職員に対して、火山灰除去を命じた業務命令が、約1,200平方メートルの構内を7月〜8月の暑さの中、長時間にわたって10日間、1人で行わせるものであったものの、適法とされた。	p.6, 23, 64, 119
7	**松蔭学園教諭自宅研修等事件** 東京高裁H5.11.12判タ849号206頁	×	高等学校の教諭である従業員に対し、それまで担当していた学科の授業、クラス担任等一切の仕事を外し、何の仕事も与えないまま4年半にわたって別室に隔離し、さらに7年近くにわたって自宅研修をさせた行為は、不法行為に該当するとされた。	p.121
8	**神奈川中央交通減給事件** 横浜地裁H6.9.27労判664号33頁	○	バスの運転手に対する、夏季の制帽着用命令が適法とされた。	p.23, 31
9	**バンクオブアメリカイリノイ事件** 東京地裁H7.12.4労判685号17頁	×	管理職（課長）だった従業員に対し、ライン上の指揮監督権を有さない「オペレーションズテクニシャン」への降格と、その後の総務課受付への配転という一連の嫌がらせ行為が、中高年管理職を退職に追い込む意図を持ってなされた不法行為であるとされた。	p.137
10	**JR東日本（本荘保線区）事件** 最高裁H8.2.23判時690号12頁	×	上司から国労マーク入りベルト着用を就業規則に違反するため外すよう命じられ、これに反発した職員に対し、終日就業規則の書き写しをさせた行為が、違法とされた。	p.65

参考裁判例一覧

No.	事件名／判決年月日等	適法性	判決概要	掲載頁
11	**神奈川中央交通（大和営業所）事件** 横浜地裁H11.9.21労判771号32頁 【事例1】	○／×	事故を起こした運転手に対して、通常10日程度で終わる添乗指導を約1か月にわたって行ったことは適法、下車勤務で営業所行内除草を行わせた行為も直ちに違法とはならないが、十分な事実関係の把握と「安全な運転をさせる」という目的に合致しない部分については、違法とされた。	p.23, 71, 81, 143, 180
12	**メディカルシステム研究所事件** 東京地裁H11.9.21労判786号67頁	○	会社の経営方針に従わず、残業拒否や非協力的態度を繰り返す従業員に対し、長期間にわたる昇給・昇進据え置きをした行為が、合理性があり、適法とされた。	p.119
13	**フジシール（配転・降格）事件** 大阪地裁H12.8.28労判793号13頁	×	退職勧奨に応じなかったため、技術開発部長を、それまでなかったごみ回収業務に専従する現場作業員に配転して同業務を行わせた行為が、違法とされた。	p.137
14	**全日本空輸（退職強要）事件** 大阪高裁H13.3.14労判809号61頁	×	上司たちが執拗に退職を求め、暴言や机をたたく、長時間拘束する、拒否しているにもかかわらず寮に押しかけるといった行為を継続したことが、不法行為とされた。ただし、対象従業員側の態度がこうした行為を誘発した側面があるとして、慰謝料は減額された。	p.81, 138
15	**国際信販事件** 東京地裁H14.7.9労判836号104頁	×	従前の経緯から、会社の主流派から疎まれていた従業員に対し、経験のない過大な業務を担当させて支援をせず、さらに資料置き場にしていた狭い机に座らせる、具体的な業務を与えずホワイトボードから名前を消すなどした行為が、違法とされた。	p.58, 73
16	**川崎市水道局事件** 東京高裁H15.3.25労判849号87頁	×	部署内で孤立した職員に対し、同僚や上司がいじめ行為を行い、外見のからかいや誹謗中傷などを繰り返した行為が、違法行為とされた。また、市としてのいじめの調査が不適切であったと認定された。	p.154
17	**誠昇会北本共済病院事件** さいたま地裁H16.9.24労判883号38頁	×	職場の先輩による後輩社員に対する、私用の強要、飲み会への出席強要、私生活への過度の干渉、からかい、嘲笑、暴力等の行為が違法とされた。	p.31
18	**トナミ運輸事件** 富山地裁H17.2.23労判891号12頁	×	勤務先の闇カルテルを新聞社へ告発したことを契機に、20数年以上にわたって研修生の送迎などの極めて補助的な雑務しか与えられず、昇格もさせず、周囲から隔離した行為が、違法とされた。	p.59
19	**三井住友海上火災保険事件** 東京高裁H17.4.20労判914号82頁 【事例2】	×	勤務成績が悪く、社内ルールも遵守しない社員に対して、上司が送ったメールが違法とされた。メールの記載内容自体は一定の合理性があると認めた上で、人の気持ちを逆撫でする記載、及びそのメールがユニット全員に配信されている点などを考慮して、違法と認定した。	p.67, 105, 186,

257

No.	事件名／判決年月日等	適法性	判決概要	掲載頁
20	**ボーダフォン（ジェイホン）事件** 名古屋地裁H19.1.24労判939号61頁	○	上司による異動の説得などを契機に社員が自殺した事案において、この説得は、うつ病に罹患していない労働者に対するものであれば違法ではなく、会社も当該労働者がうつ病に罹患していることを知らなかったのであるから、会社の対応に違法性はないと認定された。	p.19
21	**国・静岡労基署長（日研化学）事件** 東京地裁H19.10.15労判950号5頁	×	上司の部下に対する暴言が、上司の「強い嫌悪感」に基づいてなされたものであり、違法とされた。	p.107
22	**名古屋南労基署長（中部電力）事件** 名古屋高裁H19.10.31労判954号31頁 【事例3】	×	「主任としての心構え」を作成させ、それに対して侮辱的な表現の記載を強要し、さらに「主任失格」などの暴言を浴びせ、結婚指輪を外させるなどした行為が、違法とされた。	p.129, 192
23	**国・奈良労基署長 （日本ヘルス工業）事件** 大阪地裁H19.11.12労判958号54頁	×	上司から突き放され、厳しい指導をされるだけで、適切なフォローを受けられなかった社員が、自殺した案件で、違法性を認定。社長を含め研修会参加者全員が参加する懇親会で、上司から侮辱的発言をされるなどの事情があった。	p.73, 114
24	**ファーストリテイリングほか （ユニクロ店舗）事件** 名古屋高裁H20.1.29労判967号62頁	×	勤務態度や上司に対する態度が悪い社員に対して、上司である店長や管理部長が、感情的になって暴言を吐いたり、殴るなどの暴行を加えた事案で、これら言動が違法とされた。	p.107
25	**長崎海上自衛隊員自殺事件 （護衛艦さわぎり事件）** 福岡高裁H20.8.25労経速2017号3頁 【事例4】	○／×	護衛艦乗務中に業務上のストレスから自殺した隊員に関して、直属の上司の言葉による厳しい指導は違法とされたが、別の上司の同様の厳しい指導については、適法とされた。	p.18, 78, 85, 114, 198
26	**日本土建事件** 津地裁H21.2.19労判982号66頁	×	新入社員である部下に対して、十分な指導をしないまま、暴言を吐く、物を投げつける、机を蹴飛ばす、測量用の針のついたポールを投げつけるなどしたこと、及び、殊更嫌がらせの目的で、他の社員の仕事を押しつけるなどしたことが、違法とされた。	p.73, 115
27	**A病院事件** 福井地裁H21.4.22労判985号23頁	○	勤務成績や態度に問題のある医師に対して、昇進などを遅らせたり、防犯カメラを設置したり、退職勧奨をしたりしたことが、いずれも適法とされた。	p.52, 120
28	**前田道路事件** 高松高裁H21.4.23労判990号134頁	○	厳しい叱責や、期限までのノルマ達成の要求などについて、原審では違法と判断されたが、控訴審では判断が覆り、適法と認定された。	p.88, 117

参考裁判例一覧

No.	事件名／判決年月日等	適法性	判決概要	掲載頁
29	地公災基金愛知県支部長 （A市役所職員・うつ病自殺）事件 名古屋高裁H22.5.21 労判1013号102頁	×	仕事ができるが、部下に対してぶっきらぼうで配慮を欠く発言の多い上司（部長）が、部下に対して、適切な支援をしないまま、業務上は誤ってはいないものの、フロア全体に響きわたるほどの大声で怒鳴ったり、部下の個性や能力に配慮せず反論を許さない高圧的な叱り方をするなどした結果、部下が自殺したことについての、公務起因性を認めた。	p.115
30	三洋電機 コンシューマエレクトロニクス事件 広島高裁松江支部H21.5.22 労判987号29頁	×	会社に対して攻撃的な態度に終始し、注意してもふてくされた態度を取るなどした部下に対し、厳しい言葉で詰め寄った点（録音あり）が、違法とされたが、部下側の態度に問題があるとして、慰謝料額は減額された。	p.52
31	東京都ほか（警視庁海技職員）事件 東京高裁H22.1.21労判1001号5頁	○／×	退職をさせる意図で故意に乱暴な操船をしてけがをさせるなどの行為を違法とした。一方で、ネクタイをつかんで引っ張った行為、左腕部をつねった行為、襟首をつかんで前に出るという行為などが、いずれも違法性はないとされた。	p.101, 138
32	国・京都下労基署長（富士通）事件 大阪地裁H22.6.23労判1019号75頁	×	同僚女性7人からの、妬みによるいじめや嫌がらせと、職場としてもこれを防止する適切な対応をとらなかったことなどを理由に、精神障害の業務起因性を肯定した。	p.15
33	日本ファンド事件 東京地裁H22.7.27労判1016号35頁	×	部下に対して「ばかやろう」「給料泥棒」などと発言し、また昼食時に「よくこんな奴と結婚したな、もの好きもいるもんだな」と発言するなどの暴言を吐いた上、業務を妨害する、「給料をもらいながら仕事をしていませんでした」と記載した念書の提出を強要する、蹴るなどをした行為が違法とされた。	p.46, 102, 130
34	ティーエムピーワールドワイド事件 東京地裁H22.9.14労経速2086号31頁 【事例5】	○	業務成績、態度が不良であることを理由に、「うつ病による休職申請」を認めず会社が解雇した事案で、厳しい指導や長文メールによる叱責、日報の作成、議事録の読上げ、休日に行った退職勧奨等の行為が、いずれも違法性はないとされた。	p.127, 135, 204
35	学校法人兵庫医科大学事件 大阪高裁H22.12.17労判1024号37頁	×	大学病院の教授選に立候補した勤務医に対して、具体的な改善指導なども行わないまま、10年以上にわたって臨床担当から外し、教育を担当させず、関連病院への外部派遣からも外して臨床の機会を一切与えなかった行為が、違法とされた。	p.122
36	オリンパス事件 東京高裁H23.8.31労判1035号42頁	×	コンプライアンス相談窓口への通報に対する意趣返しとしてなされた、必要性のない配置転換や顧客との接触禁止命令、及び50才を超えている対象者を全く初めての部署に異動させて、侮辱的な「教育計画」を課したことが、違法とされた。	p.59, 137

No.	事件名／判決年月日等	適法性	判決概要	掲載頁
37	**キリンエンジニアリング事件** 横浜地裁H23.12.22 労経速 2132号19頁	○	プロジェクトを外され、希望しない庶務的な業務を担当させられたことがパワハラに当たるとの主張に対し、会社側はきちんと指導育成をしていること、プロジェクトを外されたのは本人の能力や資質に問題があるからであること、本人からの「ホットライン」へのパワハラの訴えに対しても会社はきちんと調査をしてハラスメントがないことを確認していることなどを理由に、パワハラには該当しないと認定した。	p.6, 23, 120
38	**富士通関西システムズ事件** 大阪地裁H24.3.30労ジ5号18頁	○	残業申請に対して「今日中にせなあかん仕事でないやろ。優先順位もつけられないでやっているのか」「ずぶとそう」「もう何か月やってるんや。小学生レベルの能力しかないってことやな」との上司の発言について、「繰り返し指導しても理解してもらえないことに対して感情的になってされた発言とみるべきであって、不適切な発言ではあるものの、パワハラに該当するとまではいえない」とした。	p.103
39	**U銀行（パワハラ）事件** 岡山地裁H24.4.19労判1051号28頁	○／×	勤務態度の不良に対して多少厳しい言葉で注意をしたとしてもパワハラにはならない。一方で、脊髄空洞症による療養復帰直後で後遺症もある本人の状況を認識も配慮もせず、いたずらに、「あほ」「ばか」などの言葉を用いて繰り返し叱責をした行為は、パワハラと認められるとした。	p.102
40	**エヌ・ティ・ティ・ネオメイト事件** 大阪地裁H24.5.25労判1057号78頁	○／×	「いい加減にせえよ。ぼけか。あほちゃうか」などと言いながら、胸ぐらをつかんだり、椅子を蹴って足にあてたりした行為が違法とされた。一方で、対象社員が他の社員に暴言を吐いたり暴力を振るったりしたためこれを制して他の場所の誘導するために腕をつかんで引っ張った行為は、違法性はないとされた。	p.99
41	**兵庫県商工会連合会事件** 神戸地裁姫路支部H24.10.29 労判1066号28頁	×	退職を拒否している職員に対し、「自分で行き先を探してこい」「管理職の構想から外れている」「ラーメン屋でもしたらどうや」「管理者としも不適格である」「商工会の権威を失墜させている」等の言辞を用いて、執拗に退職勧奨をした点が、違法とされた。	p.133, 138
42	**日本アイ・ビー・エム事件** 東京高裁H24.10.31労経速2172号3頁	○	適切に行われた退職勧奨が違法性はないとされた。また、退職勧奨の際に、上司が「えー、ふざけるなよ。貴様」と述べたことについても、違法性はないと認定した。退職勧奨の様子は、被勧奨者によって録音されていた。	p.52, 88, 135

参考裁判例一覧

No.	事件名／判決年月日等	適法性	判決概要	掲載頁
43	日本航空事件 東京高裁H24.11.29労判1074号88頁	×	退職はせず頑張りたいと述べる従業員に対し、「記憶力に問題がある」「若年性の認知症じゃないのかと疑うぐらい物事を覚えていない」「いつまでしがみつくつもりなのか」「辞めていただくのが筋です」「懲戒免職とかになったほうがいいんですか」などと長時間かつ繰り返し行った退職勧奨を、違法とした。	p.138
44	K化粧品販売事件 大分地裁H25.2.20 労経速2181号3頁 【事例6】	×	会社の研修会において、ノルマ未達成の社員に、くじ引きでコスチュームを選択させ、これを着て発表させた上、さらにそれを撮影した記録映像を後日別の社内研修会で流すなどした行為は、本人が着用を拒否しなかったため、明確な強制がなかったとしても、過度の心理的負荷を与えるものとして、違法とされた。	p.210
45	ザ・ウィンザー・ ホテルズインターナショナル事件 東京高裁H25.2.27労判1072号5頁	○／×	酒に弱い体質の部下に対する飲酒強要、深夜や休日の非難を目的とした感情的な留守電やメール、暴言等についてパワハラと認定した。一方で、引継ぎのための高負荷の業務についてはパワハラに該当しないとした。	p.108
46	広島県（教員パワハラ）事件 広島高裁H25.6.20労ジ18号29頁	○	複数回にわたる呼び出し、処分の告知から逃げようとする職員の腕をつかんで制止した行為などについて、違法性を否定した。学校側が、医師の同席を認めたり、本人が嫌がった場合にはそれ以上の無理強いをしていないこと等が評価された。	p.69
47	豊前市パワハラ事件 福岡高裁H25.7.30判タ1417号100頁	×	市役所の同一課所属の男性職員と女性職員との勤務時間外の私的な交際について、職場での悪影響が生じていないのに、勤務時間中、所属課長が、男性職員に対し、誹謗中傷する言辞を用いて交際を中止させようとした行為がパワハラとされた。	p.32
48	雄松堂書店事件 東京地裁H25.9.26労ジ21号12頁	○	「業務改善命令書」への署名を求める行為、勤務態度について厳しい言辞をもって叱責し退職を勧奨した点、比較的単純で地道な作業を行わせた点、その際に「会社員として最低限度のモラルのある方だと思っていましたが残念です」といったメールを送信した点、身元保証人に対して勤務態度の是正を指導する依頼文書を送った点などが、いずれもパワハラには当たらないとされた。	p.127
49	アークレイファクトリー事件 大阪高裁H25.10.9労判1083号24頁 【事例7】	×	「殺すぞ」といった言葉について、実際に危害を加える具体的意思はないことを言われた者も認識していたとしても、やはりパワハラになるとされた。	p.87, 214

261

No.	事件名／判決年月日等	適法性	判決概要	掲載頁
50	ホンダカーズA株式会社事件 大阪地裁H25.12.10労判1089号82頁	○	徹夜明けの部下に対する「お前の仕事もせなあかんようになったわ」との発言や、上司の業務遂行方針に従うよう強要した行為などがパワハラに該当しないとされた。また、それ以外の「パワハラ行為」については、本人が主張するだけで、これを認定するに足る証拠がないとして認めなかった。	p.157
51	メイコウアドヴァンス事件 名古屋地裁H26.1.15労判1096号76頁	×	業務上のミスを口汚くののしられ、時々頭を叩かれたり、蹴られたりした行為につき、パワハラと認定した。	p.63
52	海上自衛隊事件 東京高裁H26.4.23労判1096号19頁	×	護衛艦の中で行われた、上司による部下に対する、平手での頭の殴打、足蹴り等の暴行行為、及び、艦内に持ち込んだ私物のエアガンでの撃つなどの行為について、パワハラと認定し、またこれらの行為を知りながら適切に対応しなかったその上司についても、不法行為を構成するとした。	p.63, 100, 154
53	社会福祉法人県民厚生会事件 静岡地裁H26.7.9労判1105号57頁	○	厳しい叱責や、高い目標の実現を求めたり、提案を頭ごなしに否定したりした行為がいずれもパワハラには該当しないとされた。	p.23, 117
54	懲戒処分無効確認等請求事件 東京高裁H26.8.6労ジ33号40頁	○	懲戒解雇である旨を伝える際に、時に声を荒げ、「即日懲戒解雇致します」「重大な服務規程違反ですから、懲戒解雇の重大な理由ですから、即日懲戒解雇ですよ」「即日懲戒解雇は何の機関にかける必要はないですからね、いいですね、私はやりますよ」などと述べたことについて、パワハラには該当しないとされた。	p.91
55	日本アスペクトコア事件 東京地裁H26.8.13労経速2237号24頁	○	「前向きではない。頑張りますなどと言いなさい」と叱責した行為、「ロボットみたいな動きでぎくしゃくしている」などと言った行為、「指示されたこと以外はするな」「いい加減に人に頼らないで仕事覚えてよ」などと言ったことなどが、「そもそも民法上の不法行為が成立しうるのか疑問」であって、不法行為に該当しないとされた。	p.19, 91
56	サン・チャレンジ事件 東京地裁H26.11.4労判1109号34頁	×	仕事のミスをすると「馬鹿だな」「使えねえな」などの暴言で叱責し、暴行を加える、私的な用事をさせる、交際相手との交際に介入し別れろと言う、などの行為がパワハラと認定された。	p.31
57	暁産業事件 福井地裁H26.11.28労判1110号34頁	×	新卒の新入社員に対する「学ぶ気持ちはあるのか。いつまでも新人気分」「毎日同じことを言う身にもなれ」「死んでしまえばいい」「辞めればいい」「今日使った無駄な時間を返してくれ」などの叱責行為が、パワハラとされた。	p.82, 108
58	サントリーホールディングスほか事件 東京高裁H27.1.28労経速2284号7頁	×	「新入社員以下だ。もう任せられない」、「何で分からない。おまえは馬鹿」などの発言が、違法とされた。	p.82, 111

参考裁判例一覧

No.	事件名／判決年月日等	適法性	判決概要	掲載頁
59	**国家公務員共済組合連合会（C病院）事件** 福岡地裁小倉支部H27.2.25 労判1134号87頁	×	同様のミスのある複数の従業員のうち1人に対してのみ反省文を徴求し、他にも有給休暇の取得を阻止するように威圧した行為などが違法とされた。	p.82
60	**大阪市水族館** **懲戒処分無効確認等請求事件** 最高裁H27.2.26労判1109号5頁	×	ハラスメントを行った管理職に対する懲戒処分の有効性が争われた事案で、数々のハラスメント行為の1つとして、ハラスメント研修を馬鹿にするかのような発言をしたことも認定された（セクハラ事案）。	p.12
61	**大和証券事件** 大阪地裁H27.4.24労判1123号133頁	〇／×	合理的必要性もないのに一人だけ別室に隔離したこと、約1年にわたり新規顧客開拓業務に専従させ、1日100件訪問するよう指示したこと、本人の営業活動により取引を希望した者の口座開設を拒否したことは、いずれも嫌がらせ目的であり不法行為に該当するとされた。なお、有給休暇取得を思いとどまるように説得したことは、不法行為には当たらないとされた。	p.73
62	**療養補償給付等不支給処分** **取消請求事件** 京都地裁H27.12.18 平25年（行ウ）第33号	×	部下から上司への、「字を他の人にも読めるように書いてください。ペン習字でも習ってもらわないといけない」「エクセルのお勉強してください。分からなかったら娘さんにでも教えてもらってください」「日本語分かってはりますか」などという辛辣な発言が繰り返された点につき、うつ病との業務起因性を肯定した。	p.16, 108
63	**損害賠償請求事件** 東京地裁H28.3.17平27（ワ）13435号 【事例8】	〇／×	「ほんとにいらねえよ。何でおまえ.パートさんの年収の3倍ももらってやってんのにそんな程度なの？」「おまえはもういる場所ないんだ」などの発言がパワハラではないとされた。なお、退職勧奨に関し、親に圧力をかけるかのように伝えた行為は、パワハラとされた。	p.72, 89, 220
64	**賃金等請求事件** 東京地裁H28.7.26平26（ワ）15952号 【事例9】	〇／×	パワハラについて、「当該発言の文言のみをみるのではなく」「前後の文脈も踏まえ」、目的に適っているか、方法や表現が適切な範囲か、を検討する必要があると判示。「誰かほかの施設担当者もう1回別の人を雇う」「もうちょっとできる人に代わってもらおうと思ってる」などの表現がパワハラではないとされた。	p.84, 226
65	**損賠賠償請求事件** 東京地裁H28.10.7平27（ワ）310号 【事例10】	〇	「ここの仕事向いていると思う？」などの退職を示唆する発言や、「人間的に無理」という言葉、及び休憩時間に昼食を一緒に取ることを拒否したことなどが、いずれもパワハラに当たらないとされた。	p.89, 233
66	**損害賠償請求事件** 東京地裁H28.12.8平27（ワ）11815号	〇／×	「ふざけんな」「ばっかじゃねえの」「死ね、死んでしまえ」などの発言がパワハラとされた。一方で、「くそだ、くそったれ、ふざけんなよ」などの発言はパワハラではないとされた。	p.91, 109

263

No.	事件名／判決年月日等	適法性	判決概要	掲載頁
67	**国・厚木労基署長（ソニー）事件** 東京高裁H30.2.22労判1193号40頁	○	「女、子供でもできる」「お前は子供や高校生の姉ちゃんでもできる仕事しかしていない」「俺もキレルぞ」「給料泥棒」などの発言が、パワハラに該当しないとされた。	p.45, 56, 91
68	**慰謝料等請求事件** 東京地裁H29.3.27平28（ワ）878号	○	「結婚したら？」「他の会社行けばいいのに」「常識がない」「（残業を）皆やってるのに」「不気味」などの発言や、対応担当者を女性にしてほしいとの希望を受け入れずに男性従業員に対応させたことなどが、パワハラではないと判断された。	p.91
69	**国立大学法人H大学事件** 神戸地裁H29.8.9労経速2328号23頁	○／×	トラブル回避のため、約13年間にわたり意味のある仕事をほとんど与えなかったことが、パワハラに当たるとされた。一方、上司や他の職員が対象者とのコミュニケーションに消極的で会話もほとんどしなかったことについては、パワハラには当たらないとされた。	p.122
70	**A住宅福祉協会理事事件** 東京地裁H30.3.29労判1184号5頁	○／×	「馬鹿」「おい、ふざけんなよ。お前」「勘弁してくれよ、お前。どこまで変なんだよ」といった発言がパワハラではないとされた。一方、侮辱的な退職の強要がパワハラとされた。	p.5, 90
71	**関西ケーズデンキ事件** 大津地裁H30.5.24労経速2354号18頁	○／×	「キレ」て大声で叱責する行為、「注意書」を作成させた行為、本人の希望と反する出勤日のシフトを組んだことなどが、いずれもパワハラに該当しないとされた。一方、嫌がらせ目的がないとしても、明らかに過大な業務を担当させることは、不法行為を構成するとされた。	p.6, 128
72	**公益財団法人後藤報恩会ほか事件** 名古屋高裁H30.9.13 労判1202号138頁	×	退職勧奨に値するほどの前提がないのに、一方的に退職するよう執拗に何度も要求し、その態様も侮辱的であった点が、不法行為に該当するとされた。	p.139, 143
73	**国・伊賀労基署長（東罐ロジテック）事件** 大阪地裁H30.10.24労判1207号72頁	○／×	業務上の指導をほとんど行わず、仕事ぶりに大きな問題はなかった対象者を、ほぼ毎日のように怒鳴ったり叱責した行為につき、精神疾患の業務起因性を認めた。一方、理由のある叱責や、業務用の携帯電話を取り上げて数か月返還しなかった行為は、業務指導の範囲を逸脱していたものとは認められないとされた。	p.73
74	**甲府市・山梨県（市立小学校教諭）事件** 甲府地裁H30.11.13労判1202号95頁	×	児童の保護者からの理不尽なクレームに対し、校長がその場を収めるため、担当教諭に謝罪を強制し、何ら非がないにもかかわらず、意思に反して、手をついて謝罪をさせたことがパラハラに該当するとされた。	p.124

参考裁判例一覧

No.	事件名／判決年月日等	適法性	判決概要	掲載頁
75	**松原興産事件** 大阪高裁H31.1.31労判1210号32頁	✕	ホールスタッフ全員が利くことができるインカムを通じて、「帰るか」「しばくぞ」「殺すぞ」などと暴言を吐き、さらに、見せしめにカウンター横に約1時間立たせた上で、インカムで「みんなもちゃんと仕事せんかったら○○のような目にあうぞ」などと言った行為が、パワハラに該当するとされた。	p.104
76	**港製器工業事件** 大阪地裁H30.12.20労ジ86号44頁	○／✕	直接対象者に宛てたものではないチャット上で誹謗中傷した場合に、対象者が権限がないにもかかわらずこれを閲覧したとしても、「過失による違法行為」が成立するとされた。また、他人のチャットを権限なく閲覧した対象者に、始末書や顛末書の提出を求めた行為には、違法性はないとされた。	p.106
77	**国立大学法人筑波大学事件** 宇都宮地裁栃木支部H31.3.28 労判1212号49頁 【事例11】	○／✕	「そんなことはどーでもいいから、目の前のことをやったらいいじゃないですか」「いったい何様なんですか」「何でもかんでも私に電話してこないでください」などの発言がパワハラに当たらないとされた。一方で、具体的な業務指導を離れて、人格非難に該当する言動については、パワハラに当たるとされた。	p.91, 241
78	**日立製作所（退職勧奨）事件** 横浜地裁R2.3.24判時2481号75頁	○／✕	メールでの叱責が具体的な改善点の指摘を含む業務上の指導の範囲内でありパワハラに該当しないとされた。会議参加者全員に送付された、会議の進行の拙さを指摘するメールも同様にパワハラに該当しないとされた。一方、長期間執拗に、かつ名誉感情を害する形で行われた退職勧奨が、パワハラに該当するとされた。	p.112
79	**淀川交通仮処分事件** 大阪地裁R2.7.20労判1236号79頁	✕	性同一性障害と診断され、生物学的には男性だが性自認は女性である乗務員が、化粧をして乗務しようとしたことに対し、乗務をさせなかったことは、使用者の責に帰すべき労務提供の不能に当たるとして、賃金の仮払いが認められた。	p.30
80	**ロジクエスト事件** 東京地裁R2.11.24労判1259号69頁	○	「身だしなみを改善するまで勤務させることはできない」「君にできるような仕事はない」「常軌を逸している」といった言葉が、パワハラには該当しないとされた。	p.90
81	**損害賠償請求事件** 東京地裁R3.3.3平30（ワ）3707号	○／✕	急病人を救護した後に遅れて出勤した際、看護師長が事情を聴くことなく一方的かつ威圧的に激しく叱責したことが、社会通念上許容される業務上の指導の範囲を超えたものとされた。一方で、「異動を甘く見るな」「メンタルにはかかるな。自分で病気を作るな」といった発言は励ましであってパワハラには該当しないとされた。	p.144

265

No.	事件名／判決年月日等	適法性	判決概要	掲載頁
82	**東武バス日光事件** 東京高裁R3.6.16労判1260号5頁 【事例12】	○／×	「チンピラ」「雑魚」「向いてねえよ」「クソ生意気なことこきやがって」「もう客商売もしたほうがいいよ」「もう会社ではいらないんです。必要としてないんです」といった表現につき、パワハラに当たらないとされた。一方で、一部の退職勧奨言動が、違法とされた。	p.57, 66, 91, 139, 248
83	**しまむらパワハラ事件** 東京地裁R3.6.30労判1272号77頁	×	嫌がる本人に対して、面白半分に繰り返し「仕事したの?」と執拗に聞き続けた行為について、不法行為に該当するとされた。	p.60
84	**長崎県ほか(非常勤職員)事件** 長崎地裁R3.8.25労判1251号5頁	○／×	メモを取らずに話を聞くように強要した行為や、退職の意思を表示したのに対して「俺の何が気に食わないのか」「逃げるのか」「俺に対して失礼だと思わないのか」などと責めた行為がパワハラとされた。一方で、「社会人として自分で勉強しておくもの」「やる気を見せているだけで、やる気がない」などの言動は、パワハラに当たらないとされた。	p.109
85	**損害賠償請求事件** 神戸地裁R3.9.30令1(ワ)836号	○／×	電話に出るよう指示をするために、椅子の背を足で蹴った行為や、「ここは学校じゃない」「文章の書き方を教えるところじゃない」「本俸が高いのだから、本俸に見合う仕事をしなさい」といった言葉がパワハラとされた。一方で、「毎回、同じ事を言わさないでください」など、その他の言葉についてはパワハラに当たらないとされた。	p.100
86	**損害賠償請求事件** 福岡地裁R4.3.1判タ1506号165頁	○／×	営業に失敗して損失を出した社員に対して、「馬鹿」「無能」「サラリーマン根性丸出し」「会社の経営を考えない」「会社の金を横領した者より始末が悪い」「呪い殺してやるからな」などと発言した行為がパワハラとされた。一方で、「お前たち、来期はないぞ」「(平成31年3月までに)死ぬ気でやれ」「もしそれまでに(改善の)目途がつかなかったら辞めてもらうぞ」「退職金も出ないぞ」などの発言については、パワハラに該当しないとされた。	p.69, 91, 110
87	**大器キャリアキャスティングほか1社事件** 大阪高裁R4.10.14労判1283号44頁	○	6時間にわたる事情聴取、「業務指示書」への署名要求、面談時の無断録音などが、いずれもパワハラには該当しないとされた。	p.128
88	**損害賠償請求事件** 大阪地裁R4.10.28令2(ワ)11676号	○	会議への出席を認めるかどうか等は会社の裁量であり、これを認めなかったからといってパワハラにはならないとされた。また、業務指示に従わない場合に、仮に「やれ!」と怒鳴ったからといって、直ちにパワハラになるわけではないとされた。	p.6, 23, 120

参考裁判例一覧

No.	事件名／判決年月日等	適法性	判決概要	掲載頁
89	**協同組合グローブ事件** 福岡高裁R4.11.10令4(ネ)595号	○	上司が、本人は含まれないが同僚などが含まれる4名の職員によるグループチャットに、「マジ嫌いあの人」「何でも知っているふりして自分が1番みたいで本当ムカつく」「マジ頭にきたから昨日殴ってやろうかなと思ったよ」「喋ってるのを見てるだけでイライラする」などと書き込んだ行為につき、1日だけで合計10回程度の書き込みにすぎないものであったこともあり、単なる愚痴であって、パワハラには該当しないとされた。	p.105
90	**国立大学法人Y事件** 奈良地裁R4.12.20令3(ワ)333号	○	評議員に指名しなかったこと、及び教授会でその理由を説明したことが、いずれもパワハラに該当しないとされた。	p.120
91	**地位確認等請求事件** 大阪地裁R4.12.26令3(ワ)5791号	○／✕	過大な業務を分担させ、その見直し要請を無視したことや、「何が忙しいんだ」「どんなつもりで仕事をしているのか」といった発言がパワハラとされた。一方で、「お前の言い訳は聞かない」と発言を遮ったことや、新規業務の打ち合わせに参加させなかったことは、パワハラに該当しないとされた。	p.23
92	**損害賠償等請求事件** 京都地裁R5.3.30令2(ワ)1245号	✕	反省・謝罪文の提出要求が、事実上強制されたものと受け取られる状況で、本人の心身の不調の原因となった指導教授から、研究室移動の条件とも捉えられかねないタイミングで直接なされたことが、パワハラに該当するとされた。	p.139
93	**国・津労働基準監督署長（中部電力）事件** 名古屋高裁R5.4.25労経速 2523号3頁	✕	「お前なんか要らん」「そんなんもできひんのに大卒なのか」などと日常的に叱責したことや、本人の出身大学名を馬鹿にしたりしていたことにつき、自殺との業務起因性を肯定した。	p.83
94	**損害賠償等請求事件** さいたま地裁R5.4.28令1(ワ)1759号	✕	他の職員とは別の隔離された部屋で一人で勤務させ、人間関係から切り離したこと、及び、本人の能力に比して著しく程度の低い業務（お茶出しや清掃）を命じたことが違法とされた。	p.123
95	**損害賠償請求事件** 東京地裁R5.6.8労経速 2539号30頁	✕	「おばさん」「(お)デブ」「ブス」「経験豊富」といった、年齢、体型、容姿、結婚歴に関する侮辱的な発言をしたことや、ノートパソコンの蓋を閉じて「てめえの態度なんなんだよ」といった強い口調で発言したことが、パワハラに当たるとされた。	p.110
96	**給与規程確認等請求事件** 那覇地裁R5.6.27令3(ワ)495号	✕	給与に関する事項を漏らした従業員に対し、事前に秘密であることを伝えてもらおず、懲戒事由もないのに、「懲罰事項になる」などと述べ、「大馬鹿野郎」「大問題」などと過激な言葉で叱責した行為が、パワハラに該当するとされた。	p.144

No.	事件名／判決年月日等	適法性	判決概要	掲載頁
97	**損害賠償（労災）請求事件** 東京高裁R5.6.28令4（ネ）3777号	○	「てめえらは稼いでいるんだから、ちょっとは我慢しろよ」「てめえらが、てめえらの好きなように言ってるだけでしょう、わがままで」「金もらってやってんだから、ちょっと我慢しろよ」「我慢できねえんなら、とっとと辞めちまえよ」「病気なんだ。それでこういう商売できるの? ずっと」などの発言が、飲み会での会話の一部を意図的に切り取ったもので、前後の文脈から違法とまではいえないとし、パワハラに該当しないとされた。	p.5, 86, 91
98	**損害賠償請求事件** 大阪地裁R5.12.22令4（ワ）754号	○／✕	「アホ」「ボケ」「辞めさせたるぞ」「今期赤字ならどうなるかわかっているやろな」といった言葉を日常的に繰り返した行為や、対象者が座っていた椅子の脚を1回蹴ったり、多数の面前で「無能な管理職だ」などといった行為がパワハラに当たるとされた。一方、「自分からかかってきた電話は3コール以内に出ろ」と言い、実際に従業員が電話に出るのが遅かった場合は従業員を叱責した行為は、パワハラに該当しないとされた。	p.100
99	**地位確認及び損害賠償等請求事件** 京都地裁R6.2.27令2（ワ）2664号	○／✕	定例ミーティングの中止及び廃止、業務上必要のある声かけへの無視、他の従業員と比べて差別的な対応などについては、不法行為に当たるとされた。一方、業務中の不愛想な対応などについては、パワハラとまではいえないとされた。	p.82
100	**損害賠償請求事件** 知財高裁R6.3.25令5（ネ）10103号	○	発明者である従業員の意に反して、出願特許を国内移行せず、権利化を断念した行為について、パワハラには該当しないとされた。	p.6

著者紹介

田中　雅敏
（たなか　まさとし）
明倫国際法律事務所　代表弁護士・弁理士

　1994年 慶應義塾大学総合政策学部卒。弁護士・弁理士として関与した5,000件以上の企業案件の経験と、法律、知的財産、海外ビジネス等の専門知識を活用して、事業の付加価値向上に取り組む。人的資源の有効活用の観点から、企業風土の構築・浸透支援、職場の生産性改善、ハラスメントや労務問題の予防と改善支援も行っている。毎年約100本の企業の社内研修等を行っているほか、社外通報・公益通報窓口対応、コンプライアンス、内部統制、不祥事予防・対応等のリスクコントロールに関する、企業の法務部、総務部、人事部等のバックアップ業務を提供している。

著者より読者の皆様へ

解説動画（無料）のご案内

本書をご購読いただき、ありがとうございます。
読者の皆様に、著者の実施する「パワハラ研修」のダイジェスト版動画（無料）をご用意しました。
以下のURL／QRコードからご視聴ください。

【解説動画（無料）】
https://www.meilin-law.jp/ph-movie/

研修に関するご相談等は、下記メールアドレスからお問い合わせください。
明倫国際法律事務所　✉ info@meilin-law.jp

サービス・インフォメーション

―――――――――――――――――――― 通話無料 ――――
① 商品に関するご照会・お申込みのご依頼
　　　　　TEL 0120 (203) 694／FAX 0120 (302) 640
② ご住所・ご名義等各種変更のご連絡
　　　　　TEL 0120 (203) 696／FAX 0120 (202) 974
③ 請求・お支払いに関するご照会・ご要望
　　　　　TEL 0120 (203) 695／FAX 0120 (202) 973

● フリーダイヤル（TEL）の受付時間は、土・日・祝日を除く
　9：00〜17：30です。
● FAXは24時間受け付けておりますので、あわせてご利用ください。

たった４つの指標で分かるパワハラの該当性
〜活力ある職場へと導く相談対応のツボをつかむ〜

2025年1月30日　　初版発行
2025年4月30日　　初版第2刷発行

編　著　　田　中　雅　敏

発行者　　田　中　英　弥

発行所　　第一法規株式会社
　　　　　〒107-8560　東京都港区南青山2-11-17
　　　　　ホームページ　https://www.daiichihoki.co.jp/

装　丁　　中　川　英　祐

パワハラ相談　ISBN 978-4-474-04022-9 C2034 (0)